代理人のための
面会交流の実務

離婚の調停・審判から
実施に向けた
調整・支援まで

片山登志子・村岡泰行［編］
面会交流実務研究会［著］

発行　民事法研究会

は　し　が　き

　親どうしの都合による別居や離婚により、子は、両親と共に暮らす生活を奪われたうえに、多くは経済的にも以前より厳しい生活を余儀なくされることになります。そして、子は、監護親（同居親）と非監護親（非同居親）の双方の親と、どのように関係をもてばよいのか悩むようになります。面会交流は、そのような子と非監護親との関係を築いていくために重要な役割をもっています。
　民法766条は、面会交流は、「子の利益を最も優先して考慮しなければならない」と規定していますが、抽象的な概念である「子の利益」とは何かをめぐって両親の間に意見の対立がある場合には、紛争が複雑化していきます。特に、監護親と非監護親との確執が強い事案では、監護親は、子の利益よりも、面会交流を自由にコントロールしうる地位を利用して不適切な対応をしてしまう傾向があり、子はその影響を受けるようになります。しかし、面会交流は、「子の利益」を実現するためのものですから、監護親も非監護親も、子の意思や心情に常に最大限の配慮をして面会交流を考えなければなりません。面会交流は、監護親、非監護親および子の三者の意思や心情を調整する必要があるために、家族をめぐる紛争の中で最も困難な事件の一つであるといっても過言ではないでしょう。
　そこで、離婚事件あるいは面会交流に関する事件を受任した代理人としては、面会交流がなぜ必要であるのか、面会交流が円満に実施できない原因はどこにあるのか、どのようにすれば監護親、非監護親および子の三者の満足の得られる面会交流が実施できるのかについて、十分に検討して、その方策を提示する必要があります。
　また、面会交流は、監護親と非監護親が相当長期間にわたって継続的に関係を保っていかなければなりません。子が、監護親の理解と協力のもとに安心して面会交流をするためには、面会交流の内容は、審判によって形成され

はしがき

るよりも、調停による当事者の主体的な合意によって形成されるほうが望ましいと思われます。したがって、代理人としては、調停委員会、依頼者に対し、粘り強く合意形成に向けて働きかける必要があります。そして、面会交流の合意が、できるだけ早期の段階で形成することが、結果的には離婚紛争全体の解決に資するだけでなく、「子の利益」という観点で大きな意味のあることを常に意識しておかなければなりません。

面会交流は、困難な事件ですが、以上の点を意識して関与することにより、監護親、非監護親の心理的安定を図るとともに、「子の利益」にかなった面会交流が実施できるようになると思われます。

面会交流についての類書は数多くあると思われますが、本書の特色は、執筆者が実際に面会交流事件を担当し、その中から、どのようにすれば「子の利益」にかなう解決を得られるかについて考え抜いたことを実務的観点から記述した点にあります。したがって、本書には、現実に出会うほとんどの事例が紹介されていますので、面会交流に関する事件を担当される際には、何らかの指針を示すものではないかと思います。

本書は、大阪弁護士会友新会の家事実務研究会の会員と京都産業大学の山口亮子教授、大阪家庭裁判所の宮﨑裕子総括主任調査官、公益社団法人家庭問題情報センター（FPIC）大阪ファミリー相談室のご協力により刊行することができました。ご執筆いただいた皆様に心より感謝申し上げます。

本書が、面会交流事件に関係する方々に広く利用されて面会交流事件の解決に役立つことができれば、編集に携わった者としてこれに勝る喜びはありません。

平成27年3月

村 岡 泰 行
片 山 登志子

目次

第1章 面会交流の意義と最近の動き

- I 面会交流とは……………………………………………………… 2
  - 1 面会交流が明文化されるまでの変遷……………………… 2
  - 2 児童の権利条約……………………………………………… 3
  - 3 民法による明文化…………………………………………… 3
- II 面会交流権の法的性質………………………………………… 4
- III 現在の家庭裁判所の実務……………………………………… 5
- IV 家事事件手続法——子どもの手続代理人…………………… 6
  - 1 家事事件手続法の成立とその意義………………………… 6
  - 2 子どもの手続代理人………………………………………… 7
  - 3 子の意思の把握・考慮……………………………………… 7
- V ハーグ子奪取条約・実施法と「子の引渡し」の最新状況………… 9
- VI まとめ…………………………………………………………… 10

第2章 面会交流紛争を解決する手続の流れと代理人の留意点

- ♣ はじめに ………………………………………………………… 12
- I 面会交流紛争の特徴と代理人としての対応のポイント………… 13
  - 1 面会交流の実施に向けた調整と支援の重要性…………… 13

目　次

　　2　面会交流が問題となる場面………………………………………… 13
　　3　面会交流に関する紛争の背景事情………………………………… 14
　　　(1)　離婚を前提とした別居中における面会交流に関する
　　　　　紛争の実情と特徴………………………………………………… 14
　　　　㈦　子の心理状態／14
　　　　㈣　同居親の心理状態／15
　　　　㈥　非同居親の心理状態／15
　　　　㈢　小　括／16
　　　(2)　離婚後の面会交流に関する紛争の実情と特徴………………… 16
　　　　㈦　合意があるにもかかわらず面会交流が途絶えているケース／16
　　　　㈣　離婚に際して夫婦間で面会交流に関する合意がなされて
　　　　　　おらず、離婚後に面会交流の話し合いがなされるケース／17
　　4　別居中の面会交流を実施するうえでのポイント（初期対応の
　　　ポイント）…………………………………………………………… 18
　　　(1)　両親の離婚に直面している子の心情を周囲の大人が
　　　　　理解すること――子の不安への理解と寄り添い……………… 18
　　　(2)　周囲の大人が面会交流の結果に神経質にならないこと
　　　　　――同居親の不安への理解と寄り添い………………………… 18
　　　(3)　面会交流の方法については、子のストレスが最小限になるよう
　　　　　注意をすること――非同居親の焦りや不満への理解と寄り添い… 19
　　5　離婚後の面会交流を実施するうえでのポイント………………… 20
Ⅱ　面会交流紛争を解決する手続の流れ………………………………… 22
　　1　離婚の交渉の中での面会交流の話し合い………………………… 22
　　2　話し合いで面会交流が実施できない場合の調停の活用………… 24
　　　(1)　離婚とあわせて面会交流の話し合いをしたい場合…………… 25
　　　(2)　面会交流の話し合いのみをしたい場合………………………… 25
Ⅲ　面会交流事件の代理人に求められる基本姿勢……………………… 26

1　監護親（同居親）の代理人に求められる基本姿勢……………… 26
　　2　非監護親（非同居親）の代理人に求められる基本姿勢………… 26
　Ⅳ　別居して間がない時期………………………………………………… 28
　　1　同居親の代理人に求められる考え方と対応……………………… 28
　　2　非同居親の代理人に求められる考え方と対応…………………… 29
　Ⅴ　離婚あるいは面会交流に関する調停が係属している時期………… 30
　　1　監護親の代理人に求められる考え方と対応……………………… 30
　　　(1)　監護親からの聞き取り………………………………………… 30
　　　(2)　第三者機関の面会交流支援を受けるための協議、調停調書の
　　　　　記載事項…………………………………………………………… 30
　　2　非監護親の代理人に求められる考え方と対応…………………… 31
　　　(1)　非監護親への働きかけ………………………………………… 31
　　　(2)　申立書等作成にあたっての注意事項………………………… 31
　　【書式1】　子の監護に関する処分（面会交流）調停申立書／33
　　【書式2】　事情説明書／35
　　　(3)　非監護親の監護親に対する協力への認識の把握…………… 37
　　　(4)　調停段階での解決をめざした環境調整・交渉……………… 37
　　3　監護親・非監護親の双方の代理人に求められる考え方と対応… 38
　　　(1)　家裁調査官の関与の考え方と対応…………………………… 38
　　　　(ｱ)　調査官調査に対する意見等／38
　　　　(ｲ)　調査報告書の閲覧・謄写／39
　　　　(ｳ)　試行的面会交流／39
　　　(2)　履行確保を念頭においた調停条項の考え方と対応………… 40
　　　(3)　間接強制による強制執行の考え方と対応…………………… 40
　　　　(ｱ)　概　要／40
　　　　(ｲ)　調停調書に基づく間接強制決定をすることができないと
　　　　　　された事例／41

　　　　(ｳ)　審判に基づく間接強制決定をすることができるとされた
　　　　　事例／42
　　　　(ｴ)　小　括／43
　Ⅵ　面会交流に関する調停が不成立となり審判に移行した後の時期……　45
　　1　実質的な協議が未了のまま審判移行したケースの対応…………　45
　　2　陳述書作成にあたっての注意事項………………………………　46
　　　(1)　陳述書の記載内容………………………………………………　46
　　　(2)　監護親の意向……………………………………………………　46
　　3　家裁調査官の関与…………………………………………………　46
　　4　代理人活動の視点…………………………………………………　47
　　　(1)　継続的な支援の約束……………………………………………　47
　　　(2)　調停成立を視野に入れた活動…………………………………　47
　　5　即時抗告の申立て…………………………………………………　48
　Ⅶ　履行確保の考え方と手続…………………………………………　49
　　1　実施状況が落ち着くまでの一定期間の支援……………………　49
　　2　履行勧告の申出……………………………………………………　49
　　3　再調停の申立て……………………………………………………　50
　　4　間接強制の申立て…………………………………………………　50
　　5　損害賠償請求………………………………………………………　51

第3章　面会交流を実施するための関係諸機関

　Ⅰ　家庭裁判所、家裁調査官による面会交流実施のための手続と
　　事例　………………………………………………………………　54
　　1　家裁調査官…………………………………………………………　54

	目　次	
2	面会交流事件における家裁調査官の役割………………………	55
(1)	面会交流事件における家裁調査官の調査…………………	55
(ｱ)	事実の調査／55	
(ｲ)	子の意向および状況の調査／56	
(ｳ)	試行的面会交流の実施／56	
(ｴ)	双方の主張の整理／56	
(ｵ)	出頭勧告／56	
(ｶ)	調停立会い／57	
(2)	離婚調停・離婚訴訟の手続の流れと留意点………………	57
3	面会交流が円滑に実施できるようにするための配慮…………	58
4	面会交流の履行確保における家裁調査官の役割………………	62
5	おわりに……………………………………………………………	63
Ⅱ	大阪ファミリー相談室における面会交流支援の概要と利用方法……	65
1	大阪ファミリー相談室の実情と面会交流支援の実施状況…………	65
2	面会交流支援担当者と学生ボランティアの参加………………	66
3	面会交流支援申込みの受付…………………………………………	66
4	事前面接と面会交流支援の受理……………………………………	67
(1)	事前面接………………………………………………………	67
(2)	面会交流支援の受理…………………………………………	68
5	面会交流支援の種類…………………………………………………	68
(1)	付添い型………………………………………………………	69
(2)	受渡し型………………………………………………………	69
(3)	付添い型から受渡し型への移行……………………………	70
6	面会交流の頻度・回数………………………………………………	70
7	当室で面会交流をしている子の年齢等……………………………	70
8	面会交流の曜日・場所等……………………………………………	71
9	面会交流の時間帯……………………………………………………	72

10　面会交流支援費用の分担と減免制度………………………………72
　11　来室、退室時の配慮と子への対応…………………………………73
　12　監護親の面会交流への同席…………………………………………73
　13　面会交流の基本姿勢…………………………………………………74
　14　監護親への働きかけ…………………………………………………75
　15　非護親への働きかけ…………………………………………………75
　16　代理人へのお願い……………………………………………………76
　　⑴　当事者への教示・働きかけ………………………………………76
　　⑵　柔軟な調停条項の作成……………………………………………77
　　⑶　当事者と支援者の間の連絡・調整………………………………77
　　⑷　利用の案内…………………………………………………………77
Ⅲ　その他の支援団体と公的支援……………………………………………79
　1　民間団体による面会交流支援…………………………………………79
　2　国による施策……………………………………………………………80
　　⑴　東京都などの自治体による面会交流支援事業…………………80
　　　㈠　支援の具体的内容／80
　　　㈡　現状と課題／80
　　⑵　明石市による「こども養育支援」………………………………81
　3　今後の課題………………………………………………………………81

第4章　ハーグ子奪取条約・実施法と「子の引渡し」

Ⅰ　はじめに……………………………………………………………………84
Ⅱ　ハーグ子奪取条約の特徴…………………………………………………85

	1 　国家と家族の関係……………………………………………… 85
	2 　日本国内事件の手続との相違……………………………… 85
Ⅲ　監護権の意味…………………………………………………… 87
Ⅳ　外国返還援助——インカミング・ケース……………………… 89
	1 　概　　要……………………………………………………… 89
	2 　返還手続……………………………………………………… 89
	3 　調停手続……………………………………………………… 92
Ⅴ　日本国返還援助——アウトゴーイング・ケース…………… 93
	1 　離婚後の場合………………………………………………… 93
	2 　別居中の場合………………………………………………… 94
Ⅵ　面会交流の確保………………………………………………… 97
Ⅶ　今後の対応……………………………………………………… 99

第5章　紛争事例に学ぶ面会交流の実務

♣　はじめに ……………………………………………………………… 102
Ⅰ　面会交流紛争事例 Q&A ………………………………………… 103
　事例 1 　子の意思が問題となるケース⑴——子の意思の確認 ……… 103
　事例 2 　子の意思が問題となるケース⑵——子の拒否 …………… 108
　事例 3 　父母が遠隔地に居住しているケース ……………………… 112
　事例 4 　きょうだいが分離して監護されているケース …………… 117
　事例 5 　監護親から非監護親に面会を求めるケース ……………… 119
　事例 6 　養育費不払いが問題となるケース ………………………… 122
　事例 7 　再婚が問題となるケース⑴——監護親の再婚 …………… 125
　事例 8 　再婚が問題となるケース⑵——非監護親の再婚 ………… 130

目　次

　事例9　面会の実現に困難な事情があるケース(1)
　　　　　──離婚時の有責事由（不倫）と激しい感情的対立 ………… 132
　事例10　面会の実現に困難な事情があるケース(2)
　　　　　──父の母に対するDV ………………………………………… 136
　〔コラム〕　親のDVが子に与える影響／140
　事例11　面会の実現に困難な事情があるケース(3)
　　　　　──父の母・子に対するDV ………………………………… 141
　事例12　祖父母との面会が問題となるケース ……………………… 144
Ⅱ　面会交流をめぐる審判却下事例 …………………………………… 148
　1　子らの年齢、両親が別居・離婚に至った経過、両親の現在の対立状況等から、現時点における面会交流は時期尚早であり、子が成長し面会交流を望む時期を待たせることが望ましいとして面会交流を認めなかった事例（大阪家審平成5・12・22）……… 149
　2　一貫して面会交流を拒否する子の意思を尊重すべきであるとして面会交流を認めなかった事例（東京家審平成7・10・9）…… 150
　3　幼年の子の情緒面に配慮して面会交流を認めなかった事例（岐阜家大垣支審平成8・3・18）……………………………………… 151
　4　子の年齢、心身の成長状況に応じて面会交流の内容・態様について配慮をすべきであるとして、13歳の長男については面会交流を認める一方、9歳の長女については面会交流を認めなかった事例（横浜家審平成8・4・30）……………………………………… 152
　5　接近禁止等仮処分決定がなされているにもかかわらず非監護親が子を奪取しようとするなどしたため父母の対立が顕著な状況下においては、面会交流を認めることはかえって子らの福祉を害するものといわざるを得ないとして面会交流を認めなかった事例（東京家審平成13・6・5）………………………………… 153
　6　暴力を振るっていた非監護親が真摯に反省し、監護親や子の

立場に思いを致すことができるようになるまでは、面会交流は
　　　認められないとした事例（横浜家審平成14・1・16）……………154
　⑦　DV加害者に被害者や子に対する配慮がみられず、被害者も
　　　心理的手当てが必要な状況にある場合には、面会交流は認めら
　　　れないとした事例（東京家審平成14・5・21）…………………155
　⑧　父母の対立関係が激しく早期の解消が期待しがたい場合に
　　　は、面会交流の実施が子に精神的な動揺を与え子の福祉を害す
　　　るとして、面会交流が認められなかった事例（東京家審平成14
　　　・10・31）………………………………………………………………156
　⑨　家裁調査官の指摘を無視して強引な面会交流を続けるなど、
　　　面会交流は子の福祉にかなうものでなければならないという視
　　　点が非監護親には欠けているとして、面会交流が認められなか
　　　った事例（福岡高那覇支決平成15・11・28）……………………157
　⑩　子らの年齢および意向を考慮したうえ、3名の子のうち、12
　　　歳の長女については面会交流を認めるべきとしたが、9歳の長
　　　男と6歳の二女については面会交流を認めるべきではないとし
　　　た事例（東京家八王子支審平成18・1・31）……………………159
　⑪　非監護親が面会交流のルールを遵守せず、子の心情や生活状
　　　況に配慮した適切な方法による実施を期待することができない
　　　状況下で面会交流を認めることは子の福祉に適合しないとして
　　　面会交流が認められなかった事例（横浜家相模原支審平成18・
　　　3・9）…………………………………………………………………161
　⑫　養母との関係が実親子間と実質的に同等といえるほど強固な
　　　ものとなっているとまではいえない場合には、母との面会交流
　　　が制約を受けることはやむを得ないとして直接の面会交流は否
　　　定しつつ、将来の面会交流を円滑にするためとして子の写真と
　　　通知票の写しの送付を命じた事例（京都家審平成18・3・31）……162

⑬　子らの居所を知ろうとして不適切行為を行った父に対する根深い不信感から子らが面会交流を拒否している場合には、面会交流の実施は子らの心情の安定を大きく害するとして面会交流を認めなかった事例（東京高決平成19・8・22）…………… 164
　⑭　子から父との面会交流の要望について、父母の紛争再燃等の懸念から、早急な面会交流の実施は子の福祉に必ずしも合致するものではない、当分の間は手紙のやりとりを通じて交流を図ることが相当であるとして父に子あての手紙を送付するよう命じた事例（さいたま家審平成19・7・19）………………… 166
Ⅲ　面会交流をめぐる調停条項、審判・決定主文と実務上の留意点…… 168
　1　調停条項例と実務上の留意点………………………………………… 168
　　(1)　基本条項………………………………………………………… 168
　　　(ア)　回数の定め／168
　　　(イ)　具体的な日時・場所・方法等の定め／168
　　　(ウ)　当事者間の協議／169
　　(2)　宿泊を伴う面会交流…………………………………………… 169
　　(3)　第三者の立会い………………………………………………… 169
　　(4)　非監護親以外の面会交流……………………………………… 170
　　(5)　直接の面会以外による面会交流……………………………… 170
　2　審判・決定主文と実務上の留意点…………………………………… 171
　　(1)　面会時間………………………………………………………… 171
　　(2)　第三者の介在…………………………………………………… 172
　　(3)　事情の変化の考慮……………………………………………… 173

・裁判例・審判例索引／176
・編者・執筆者紹介／178

●凡 例●

民集	最高裁判所民事判例集	ジュリ	ジュリスト
集民	最高裁判所裁判集民事	法時	法律時報
家月	家庭裁判月報	民商	民商法雑誌
判時	判例時報	戸時	戸籍時報
判タ	判例タイムズ	国際	国際法外交雑誌

第1章

面会交流の意義と最近の動き

I 面会交流とは

1 面会交流が明文化されるまでの変遷

　別居中または離婚後に、子を養育・監護していないほうの親（以下、「非監護親」といいます）とその子が、子を養育・監護しているほうの親（以下、「監護親」といいます）の協力を得て、会ったり、手紙や電話で交流することを面会交流といいます（かつては、「面接交渉」と呼んでいました）。

　面会交流については、長い間、子は「家の子」として父方が引き取り、非監護親（多くは母親）は離婚とともに子との交流もあきらめざるを得ないという旧民法下の家制度における意識が根強く残っていたことや、民法に規定がなかったこともあり、面会交流の実施状況は非常に低いものでした。

　しかし、そのような中で、昭和39年、「子の権利は未成熟子の福祉を害することがない限り、制限され又は奪われることはない」「面接交渉権行使のための必要な事項は、正に民法766条1項による監護について必要な事項と解される」などとする審判（東京家審昭和39・12・14家月17巻4号55頁）がなされ、下級審において面会交流の権利性が認められるようになりました。

　ただ、実務においては、その後も、面会交流それ自体を求める事件は少なく、離婚、親権者指定および監護者指定等の事件に付随して面会交流を取り扱っていました。それでも、昭和40年代には、面会交流に関する取決めをした事例も増え、親権に対する意識の変化、権利意識の増大が見受けられ、非監護親と子の面会は当然実施されるべきものとの意識が広がってきました。

　最高裁判所も、昭和59年7月、協議離婚をした際に非親権者に子との面会交流を認めるか否かは子の監護に関する処分について定める民法766条1項および2項（当時）の解釈適用の問題であると判示して面会交流の法的根拠を明らかにしました（最決昭和59・7・6家月37巻5号35頁）。さらに、平成12年5月には、「婚姻関係が破綻して父母が別居状態にある場合であっても、子と

同居していない親が子と面接交渉することは、子の監護の一内容であるということができる。そして、別居状態にある父母の間で……面接交渉につき協議が調わないとき、又は協議をすることができないときは、家庭裁判所は、民法766条を類推適用し、家事審判法9条1項乙類4号〔編注・当時〕により、……面接交渉について相当な処分を命ずることができる」（最決平成12・5・1民集54巻5号1607頁）として、離婚後だけでなく、別居中においても、非監護親は監護親に対して、子との面会交流を求めることができると認めました。

これら最高裁判所の判断が示されたことにより、面会交流については、離婚、親権者指定および監護者指定等の事件の一部としてだけでなく、単独の事件としても申立てが増加することとなりました。

2　児童の権利条約

児童の権利に関する条約（平成6年5月16日条約第2号。以下、「児童の権利条約」といいます）9条3項では、「締約国は、子どもの最善の利益に反する場合を除くほか、父母の一方又は双方から分離されている子どもが定期的に父母のいずれとも人的な関係及び直接の接触を維持する権利を尊重する」として面会交流の権利を規定しました。

3　民法による明文化

そのような流れを受けて、平成23年に成立した民法等の一部を改正する法律（平成23年法律第61号。以下、「平成23年改正民法」といいます）が、平成24年4月1日から施行され、面会交流の法的根拠が民法上明文化されました。

すなわち、平成23年改正民法766条においては、父母が協議上の離婚をするときは、「父又は母と子との面会及びその他の交流」について協議で定め、協議が調わないときは、家庭裁判所が「子の監護に関する事項」として定め、これを定めるにあたっては、「子の利益を最も優先して考慮しなければならない」ことが明記されました。

Ⅱ 面会交流権の法的性質

　平成23年改正前民法には面会交流について明文がなく、その法的性質について、親の権利なのか、子の権利なのかなどの議論がありました。
　この点について、前掲最決昭和59・7・6では、前述のとおり、面会交流は、「家庭裁判所の審判事項とされている子の監護に関する処分について定める民法766条1項又は2項の解釈適用」の問題であるとの認識を示しています。また、審判例でも、「子の監護義務を全うするために親に認められる権利である側面を有する一方、人格の円満な発達に不可欠な両親の愛育の享受を求める子の権利としての性質をも有するものというべきである」(大阪家審平成5・12・22家月47巻4号45頁)とされています。
　現在では、面会交流が、非監護親の権利および監護親の義務であると同時に、子の権利でもあること、そして、両者の利益が対立する場合には、子の利益を最優先に考えるべきであるとして、面会交流に関する法的性質についての議論は、一応の到達点に至りました。
　ところで、面会交流の権利性について、前掲最決平成12・5・1の調査官解説において、「面接交渉の内容は監護者の監護教育内容と調和する方法と形式において決定されるべきものであり、面接交渉権といわれるものは、面接交渉を求める請求権というよりも、子の監護のために適正な措置を求める権利である」と解すべきであると説明されている点に注意する必要があります。すなわち、最高裁判所は、面接交渉(面会交流)を実体的権利とまで認めたわけではなく、子の監護のための適正措置請求権として認めていることに留意すべきです。
　したがって、面会交流の権利は、非監護親が監護親に対して子との面会交流を求める権利であるものの、それを具体的な権利にするためには、協議で定めるか、家庭裁判所によって決めてもらう必要があります。

Ⅲ　現在の家庭裁判所の実務

　かつては、夫婦間に紛争がある場合に面会することを認めると、子が両親の葛藤の中に巻き込まれ、精神的に健全な成長を阻害するという、面会交流に慎重な立場が主流でしたが、現在の家庭裁判所の実務は大きく変わりました。

　最近の調停・審判の実務では、非監護親と子との面会交流は、基本的に子の健全な育成に有益なものであるという認識に立ち、面会交流によって子の福祉を害するおそれがあるといえる特段の事情がある場合（たとえば、①非監護親による連れ去りのおそれ、②非監護親による子の虐待のおそれ、③非監護親による監護親に対する暴力等）を除き、原則として認められるべきとして運用されるようになり、家庭裁判所の実務の基本方針として定着しています[1]。

　したがって、監護親も非監護親も、このような家庭裁判所の実務の基本方針やその根底にある考え方について理解しておく必要があるでしょう。

　もっとも、このような面会交流の原則実施論に対しては、面会交流のための人的・物的な環境整備がなされない限り、子の利益を害するおそれがあるという有力な批判もあります[2]。

　今後、家庭裁判所の原則的な運用が前述のとおりであるとしても、代理人としては、単に面会交流が認められれば足りるものではなく、子の利益を考慮しながら、面会交流について詳細かつ周到な実施要領を作成するなどの工夫をする必要があります。

---

[1] 細矢郁ほか「面会交流が争点となる調停事件の実情及び審理の在り方──民法766条の改正を踏まえて」家月64巻7号1頁以下。

[2] 梶村太市「766条改正の今日的意義と面会交流の原則的実施論の問題点」戸時692号18頁以下。

Ⅳ　家事事件手続法──子どもの手続代理人

1　家事事件手続法の成立とその意義

　平成25年1月1日から、家事事件手続法（平成23年法律第52号）が施行されています。[3]

　これまで、家庭裁判所に係る非訟事件については、その手続を、家事審判法と非訟事件手続法の準用によって規定していましたが、非訟事件手続法は明治時代に制定されたものであり、家事審判法も制定以来抜本的な改正はされておらず、いずれも長年見直しが求められていました。また、この間、社会情勢の大きな変化に伴い、身分関係をめぐる紛争も複雑化・多様化したため、実務の運用での対応は限界となっていたことも見直しを促す要素となりました。

　そこで、家事事件の手続に関し、現代社会の要請に対応するべく、基本的な事項の整備に加え、手続の透明性および当事者の手続保障の拡充、さらに、子の地位の強化に配慮した家事事件手続法が制定されるに至りました。

　特に、子の地位強化に関する規定は、児童の権利条約12条において、「締約国は、自己の意見を形成する能力のある児童がその児童に影響を及ぼすすべての事項について自由に自己の意見を表明する権利を確保する。この場合において、児童の意見は、その児童の年齢及び成熟度に従って相応に考慮されるものとする」（1項）、「このため、児童は、特に、自己に影響を及ぼすあらゆる司法上及び行政上の手続において、国内法の手続規則に合致する方法により直接に又は代理人若しくは適当な団体を通じて聴取される機会を与えられる」（2項）と規定されていることから、同条の趣旨に沿ったものと

---

[3]　家事事件手続法についての基本的な文献として、秋武憲一編著『概説家事事件手続法』、日本弁護士連合会『家事事件手続法のポイント』、金子修編著『一問一答家事事件手続法』が参考になります。

なっています。

2　子どもの手続代理人

　前記1のとおり、家事事件手続法では、面会交流は、子の監護に関する処分の調停・審判事件おいて、「子の監護についての必要な事項」の例示として掲げられることとなり、子の監護に関する処分の事件で、財産上の給付を求める事件以外の事件については、子に意思能力がある限り、年齢にかかわらず、自ら申立てをするなど、手続行為能力が認められました（家事事件手続法151条2号・118条・252条）。

　また、「相当な場合」には、裁判所が職権で子を手続に参加させ（家事事件手続法42条3項・258条1項）、さらに、弁護士を「子どもの手続代理人」に選任することも可能としました（同法23条）。

　子どもの手続代理人は、子が手続行為能力を有する審判・調停事件において、子に代わって手続を追行する者です。

　子が手続に参加している場合には、子の申立てにより裁判長が選任することも、必要な場合に裁判長が選任することもできます（家事事件手続法23条）。また、子が手続に参加していない場合であっても、裁判の結果により子が直接影響を受ける場合には、裁判所が子を手続に参加させることが可能となっています（同法41条1項・42条3項・258条）。

　具体的に期待される活動としては、裁判所の面接調査、意見聴取への同行、試行的面会交流（第2章Ⅴ3(1)(ウ)、第3章Ⅰ2(1)(ウ)参照）への立会いなどがあげられています。すでに、子どもの手続代理人が選任されたケースも報告されています。

3　子の意思の把握・考慮

　さらに、家事事件手続法では、子の意思の把握について、総則的規定を新設し、家庭裁判所は、適切な方法により子の意思を把握するよう努め、子の

年齢および発達の程度に応じてその意思を考慮しなければならいと規定しています（同法65条・258条1項）。これは、法的義務ですので、家庭裁判所が適切に考慮しない場合には、即時抗告の理由となりうると解釈されています。

そして、総則規定のほかにも個別規定を設け、子の監護費用の分担に関する審判を除く、子の監護に関する処分の審判については、15歳以上の子の陳述聴取が義務となりました（家事事件手続法152条2項）。

V ハーグ子奪取条約・実施法と「子の引渡し」の最新状況

　世界的に人の移動や国際結婚が増加したことで、1970年代頃から、一方の親による子の連れ去りや監護権をめぐる国際裁判管轄の問題を解決する必要性があると指摘されるようになりました。そこで、1976年、国際私法の統一を目的とするハーグ国際私法会議（HCCH）は、この問題について検討することを決定し、1980年10月25日に「国際的な子の奪取の民事上の側面に関する条約」（以下、「ハーグ子奪取条約」といいます）を採択し、2014年1月現在91カ国が締結するに至りました。日本も、ハーグ子奪取条約を批准し、同年4月1日に発効しました（詳しい内容は、第4章参照）。

　そして、早くも平成26年11月19日にハーグ子奪取条約適用の事例が現れました。スリランカに住む日本人の父親が、ハーグ子奪取条約に基づき日本で母親と暮らす娘の返還を求める審判を求めたところ、大阪家庭裁判所は、ハーグ子奪取条約を適用してこれを認めました。平成27年1月30日に大阪高等裁判所が、母親からの即時抗告を却下したために、審判は確定しました。

　今後は、国内における面会交流についても、ハーグ子奪取条約の趣旨が反映されることも考えられますので、国際的な流れを踏まえて議論していく必要があります。

Ⅵ　まとめ

　面会交流に関する規定は、戦後から現在に至るまで長きにわたって構築されてきた家族観および子ども観を新たな社会的合意として承認する一つのものです。

　すなわち、わが国では、家制度が廃止され、両性の平等に基づく新たな婚姻制度創設により、夫婦および親子関係に関して新たな意識が構築され、また、児童の権利条約によって、子を保護の対象としてのみでなく権利の主体としてとらえ直すことにより、子自身に対しても新たな意識が構築されてきたといえます。

　そうすると、最近の実体法および手続法の成立・改正等は、社会情勢の変化に伴う当然の流れといえますので、面会交流のあり方についても、こうした流れに沿って検討していく必要があるといえるでしょう。

（村岡泰行・椚座三千子）

第2章

面会交流紛争を解決する手続の流れと代理人の留意点

♣ はじめに

　本章では、まず、面会交流をめぐる紛争の特徴と代理人としての対応のポイントを整理し（本章Ⅰ）、そのうえで、面会交流をめぐる紛争を解決するために利用される調停・審判等の手続の流れを説明していきます（本章Ⅱ）。

　また、面会交流が問題となる事案は、主に「別居して間がない時期」「離婚あるいは面会交流に関する調停が係属している時期」「面会交流に関する調停が不成立となり審判に移行した後」の三つの手続段階に分けることができ、いずれの段階においても、監護親（同居親）の代理人として求められる役割と非監護親（非同居親）の代理人として求められる役割には、双方の面会交流における立場の違いからおのずと差異が生じます。そこで、まず、立場の違いから生じる代理人の役割の相違点を指摘し（本章Ⅲ）、①別居後間もない時期（本章Ⅳ）、②離婚あるいは面会交流に関する調停が係属している時期（本章Ⅴ）、③面会交流に関する調停が不成立となり審判に移行した後の時期（本章Ⅵ）のそれぞれの手続段階において、監護親・非監護親の双方の代理人として事案を処理するうえでの基本的な考え方と実際の対応その他の留意点をみていきます。

　そして最後に、調停または審判により面会交流の内容が確定した後、実施状況が落ち着くまでの一定期間の支援や、調停や審判で確定した面会交流が履行されなくなった場合の履行勧告の申出、再調停の申立て、間接強制の申立て、損害賠償請求等の履行確保の諸手続における監護親・非監護親のそれぞれの代理人の留意点についても述べることとします（本章Ⅶ）。

I　面会交流紛争の特徴と代理人としての対応のポイント

1　面会交流の実施に向けた調整と支援の重要性

　両親の離婚が未成年の子に与える影響は、大人が想像するよりはるかに大きいものがあります。一方の親と離れて暮らすようになること自体が子にとっては大きな生活の変化であり不安を引き起こすことは多くみられますが、さらに住む場所や学校が変わる場合には、地域や学校の友達との人間関係を中心とした子にとっての大切な社会生活にも大きな変化が生じることになります。それゆえ、家庭裁判所や弁護士など未成年の子がいる夫婦の離婚紛争に関与する者は、常に子の生活や心情にも目配りをし、両親の別居や離婚が子に与える影響を最小限にすることに十分配慮することが求められます。

　とりわけ、円満な面会交流の継続は、両親の離婚後も、子が父親・母親の双方から愛情を受けていることを感じながら成長するための支えであり、離婚による子への影響を軽減するうえで極めて重要なものと考えられます。

2　面会交流が問題となる場面

　面会交流が問題となる場面は大きく二つに分けられます。

　一つは婚姻中の別居によって子と共に生活できなくなった親（以下、「非同居親」といいます）から、子と生活をしている親（以下、「同居親」といいます）に対して、子との面会交流を求めるケースです。

　もう一つは、夫婦が離婚をした後、非同居親（多くの場合は非親権者）から同居親（多くの場合は親権者）に対して、子との面会交流を求めるケースです。

　前者は、後者の前段階に位置するものであり（もちろん、離婚合意が成立してから初めて別居に至るケースもありますが、夫婦間での離婚合意が難しいケー

スの多くでは別居が先行しています）、前者の別居中の面会交流が真に円満に実施されている場合には、後者の離婚後の面会交流も、特段の事情変更がない限り円満に継続されていることが多くあります。しかも、別居は、子自身が両親の不仲とそれに伴う生活の激変を実感する最初の不安にさらされる場面でもあり、子へのケアが求められる時期でもあります。それだけに別居中、さらにいえば別居直後の面会交流の円滑な実現とそのための夫婦間の調整に努めることが極めて重要となります。

3　面会交流に関する紛争の背景事情

　面会交流に関する紛争は、どのような背景事情の下で生じているのでしょうか。婚姻中の別居、離婚後の二つの場面に分けて、整理をします。

(1)　離婚を前提とした別居中における面会交流に関する紛争の実情と特徴

　弁護士は、離婚相談に関連して、別居を考えている妻から、別居に先立って子の監護をどうすればよいか（要するに別居時に子をいっしょに連れて別居をしてもよいか）という相談や、子を連れて別居をしたが、夫から面会交流を求められていて、どう対応したらよいかわからないという相談を受けることが多くあります。

　他方で、突然、妻が子を連れて別居をしたために子と引き離された夫から、子との面会交流の実施や子の引渡しと監護者指定についての相談を受けることも多くあります。

　こうした別居中の面会交流に関する紛争の特徴としては、子、同居親、非同居親のそれぞれが、以下のような非常に厳しい心理状態にあることがあげられます。

㋐　子の心理状態

　何よりも、子にとって両親の別居は大きな生活の変化であり、子自身がこれまで経験したことのない不安定な心理状態にあります。

別居が子に与える影響は子の年齢や従前の生活状況によってさまざまですが、たとえば、小学校の児童、中学校の生徒等の場合であれば、母親といっしょに自宅を出て父親と別居することに伴い転校を余儀なくされることも多くあります。このような場合、別居そして転居は、子にとって一方の親との離別であるとともに、家族と同様に重要であった友人との人間関係をも失うことであり、子がそのことによって大きな哀しみと不安を抱えていることを忘れてはなりません。

　また、子は、離れて暮らすことになってしまった親に対しては、「一人ぼっちで寂しくないだろうか」、「一人置いてきてしまったことで自分（子）に対して怒っているのではないだろうか」とさまざまな思いをめぐらす一方、いっしょに生活をしている親の不安を敏感に感じ取り、自分がどうすれば親を安心させられるだろうか、元気に楽しそうにしてもらえるだろうかと健気なまでに心を配っています。

　(イ)　同居親の心理状態

　子を連れて別居を開始した同居親も、別居中、特に別居して間もない期間は大きな不安を抱えています。別居後の生活を、まずは経済的にどう維持していけばよいのかという不安（これは実家に戻って当面の衣食住の不安がないようにみえる場合であっても同様です。離婚を決意して別居を開始した以上、早く経済的に自立した生活をしなければという思いをもつ母親は多いのです）に加え、いつ子を連れ戻されるかわからないという不安、さらには非同居親がどのような態度を示すかわからないなど、多くの不安に怯えています。

　(ウ)　非同居親の心理状態

　非同居親にとって、妻や子との突然の離別は大きな哀しみであることはいうまでもありませんが、深い喪失感から、こんな思いをさせられるのは理不尽極まりないという同居親に対する怒りの感情に変わっていくことも多くみられます。

(エ) 小　括

　このように、子と両親がそれぞれに心理的に苦しい状況にある中で、面会交流の話し合いをすることがいかに困難であるかは容易に推測されるところです。しかし、前述のとおり、一方の親との離別によって不安を抱えている子に少しでも安心感を与えるためには、同居親に対するDVがあったり、子に対する虐待が認められるなどの特別な事情のある場合を除き、非同居親との「円満な」面会交流を早急に確保することが非常に重要であると感じています。

(2) 離婚後の面会交流に関する紛争の実情と特徴

　離婚後の面会交流に関する紛争は、大きく二つに分けることができます。一つは、離婚に際して夫婦間で面会交流に関する合意がなされたにもかかわらず、その円滑な実施ができず面会交流が途絶えているケースであり、もう一つは、そもそも離婚に際して夫婦間で面会交流に関する合意がなされておらず（協議すらなされていない場合も少なくないですが）、離婚後になって非監護親から面会交流の申出があり紛争になるケースです。

　(ア) 合意があるにもかかわらず面会交流が途絶えているケース

　合意があるにもかかわらず面会交流が途絶えているケースには、さまざまなパターンがありますが、特徴的なものとして、次のような事例があげられます。

　(A) 実際に面会交流が実施されていたにもかかわらず途絶えたケース

　このケースでは、面会交流の場面において監護親と非監護親との間で新たに不信感が生まれ、それが監護親の面会交流の拒否につながっている場合も少なくありません。

　たとえば、監護親からは、面会交流の終了時刻を守らない、面会交流時にプレゼントをしないという約束を守らない、同居親との生活状況をいろいろと尋ねないという約束を守らないといった主張がなされます。

(B) 離婚後の生活環境の変化の中で、面会交流が同意どおりに実施できなくなるケース

このケースでは、子自身の生活リズムの変化（塾やクラブ活動などで面会交流の時間を確保しづらくなるなど）や監護親の再婚（第5章Ⅰ事例7参照）などが例としてあげられます。

こうした事情の場合は、面会交流を合意どおりに実施できないという点について非監護親のほうではなかなか納得できず、当事者間での面会交流の内容の変更の話し合いが進まないままに面会交流が途絶えてしまうという結果に至っているものもあります。

(C) 監護親が、面会交流の実施について積極的な気持になれないままでとりあえず合意をしたケース

このケースでは、監護親が面会交流を実施した後の子の変化に敏感になりすぎて、面会交流が子に悪影響を与えているのではないかと不安を感じるようになり、それが面会交流が途絶える遠因となっている場合もあります。

(イ) 離婚に際して夫婦間で面会交流に関する合意がなされておらず、離婚後に面会交流の話し合いがなされるケース

離婚に際して夫婦間で面会交流に関する合意がなされておらず、離婚後に面会交流の話し合いがなされるケースの特徴、難しさとしては以下の点があげられます。

離婚を前提とした別居中における面会交流に関する紛争（前記(1)参照）であげた特徴とは異なり、子も監護親も、別居という突然の生活の変化から一定の時間が経過する中で、別居後・離婚後の新たな日常生活に安定感を感じるようになっていることが多くみられます。そうすると、監護親においては、非監護親との面会交流を開始することによって、現在の安定した生活にどのような影響が生ずるかわからないという不安が生じることになり、なかなか積極的に話し合いを進めることができません。他方、子にとっては、会いたいという気持と同時に、しばらく会っていない非監護親がどのような気

持でいるかわからないという不安もあり、監護親の不安と相まって消極的な意思表明になってしまっているケースもみられます。

4 別居中の面会交流を実施するうえでのポイント（初期対応のポイント）

　別居中の面会交流を実施・支援するに際しては、無理のない円滑な面会交流を実現し継続することが最も重要ですが、そこでのポイントを整理すると次のようになります。

(1) 両親の離婚に直面している子の心情を周囲の大人が理解すること——子の不安への理解と寄り添い

　特に別居直後の生活環境の変化の中で子の不安は大きいものがあります。同居親への配慮から自分の気持を率直に表現できないし、突然離れてしまった非同居親が今何を考えているかがわからない中で、非同居親への不安もあります。そうした子の心情を周囲のすべての大人が理解し、まずは子の不安を取り除くために何をしてあげられるのかを考えることが重要です。

　なお、子の非同居親への不安は、非同居親と面会したくないという気持とは、多くの場合、別物です。「会いたいけれども、どんなことを言われるのだろうか。その時、何と答えればいいのだろうか」。それが多くの子たちの最初の面会交流に対する不安なのです。

　したがって、不安のない方法で非同居親との面会を実現して、非同居親が子に対してどのような気持でいるかを子に伝えることが重要です。

(2) 周囲の大人が面会交流の結果に神経質にならないこと——同居親の不安への理解と寄り添い

　面会交流を終えて帰ってきた子が、いつもと違う表情や態度を示すことは当たり前と受け止めることも大切です。特に年少の子の場合には、おねしょをするようになったり、チック症状が出るようになったりすることもあります。こうした変化が起きたとき、同居親からは、いかに面会交流が子にとっ

てストレスであるかを目の当たりにし、もう続けるべきではないといった主張が強くなされることがあります。そもそも同居親とその周囲の大人は、面会交流によって非同居親が現在の監護環境を否定して子の気持を不安にさせたり、子にも現在の監護環境に対して批判的な気持をもたせるのではないかという不安をもっていることが多く、そうした気持から、子のちょっとした行動や体調の変化に対しても悪い兆候だという受け止め方になりやすいのです。

　周囲の支援者は、そうした同居親の心情を理解することは重要ですが、しかし、過度に周囲の大人が神経質になって面会交流後の子の様子を観察すると、子はそうした同居親の気持を敏感に感じ取り、面会交流をすることが同居親を苦しめているのではないかという気持から面会交流に消極的な気持になっていくこともあります。別れて生活している親と久しぶりに会って交流することは、子にとってはこれまで経験したことのない非日常の体験であり、興奮したり疲れたりすることは当然という気持で、ゆっくりと子の変化を見守ることが大切です。そうした非日常の面会交流をして疲れて帰ってくる子にどうやって安心感を与えるかが同居親の役割と思えるよう、代理人などの支援者は、同居親の気持に寄り添って支援することが大切です。

(3)　**面会交流の方法については、子のストレスが最小限になるよう注意をすること——非同居親の焦りや不満への理解と寄り添い**

　他方で、非同居親は、子は自分との交流を楽しみにしているはずなので、ゆっくりたっぷり交流して子を安心させてやりたいと思い、面会交流の回数や方法について無理な要求をしがちになります。

　しかし、前述のとおり、子にとっては、大好きな非同居親との面会交流であってもこれまでに経験したことのない非日常の時間であり、最初はどうしてもストレスが生じがちです。非同居親の気持を理解しつつも、こうした子の気持にも目を向け、子が負担感をもたずに心から楽しめる面会交流を実施するにはどうすればよいかを考え続けることが、非同居親とその支援者には

求められます。

5　離婚後の面会交流を実施するうえでのポイント

　離婚後の面会交流紛争は、別居直後の面会交流紛争とは異なる難しさを抱えています。

　しかし、面会交流の円滑な実施につなげるプロセスは、別居中の面会交流紛争の場合（前記4参照）と基本的には同じであり、当事者間での（あるいは代理人を介した）話し合いによる面会交流が困難な場合には、家庭裁判所の子の監護に関する処分（面会交流）調停（以下では単に「面会交流調停」ともいいます）を利用することをお勧めします（調停の手続や代理人の留意点は、本章V参照）。

　家庭裁判所の調停における話し合いのプロセスも、基本的には別居中の面会交流紛争と同様ですが、前述のとおり、離婚後の面会交流紛争の場合は、別居中に実施できていた面会交流が何らかの事情で円滑に実施できなくなっているケースや、別居から離婚までに長い時間が経過し、非監護親と子との交流が長期にわたって途絶えているようなケースなど、別居中の面会交流とは異なる紛争の背景があり、子と両親のそれぞれの気持に対しても、別居中の紛争の場合とは異なる観点から配慮することが必要となります。

　具体的には、調停委員会や代理人は、次の①～⑤のような点を監護親・非監護親の双方から聴取するとともに、子の年齢に応じた方法で、子の生活状況や面会交流についての意向を慎重に聴取することが求められます。

　①　離婚に至った経緯（特に別居を開始した際の状況）
　②　別居後、面会交流が実施されてこなかった事情あるいは、面会交流が途絶えてしまった事情
　③　婚姻中の親子の交流状況
　④　現在の監護親と非監護親の生活状況
　⑤　別居から現在に至るまでの監護親と非監護親の交流状況

特に、別居後に実施されていた面会交流が途絶えてしまったケースでは、面会交流の円滑な実施を阻害する具体的な要因が存在するのであり（その要因が監護親・非監護親に認識されている場合もあれば、監護親・非監護親ともに認識できず、「子が拒否しているから」「監護親が子に拒否させているから」というように対立的な認識をもったままで時間が経過しているような場合もあります）、この阻害要因を慎重に見極めるとともに、これをいかに解消するのかについて、監護親と非監護親相互の理解を引き出すべく話し合いを続けることが必要となります。したがって、調停手続においても家庭裁判所調査官が関与する場合が多く、また、試行的面会交流を実施する前には、前述のような阻害要因の見極めと解消のために当事者双方や子の意向調査がなされるなど、さまざまな工夫がなされています。

　また、こうした面会交流がいったん途絶えたケースでは、調停における話し合いにおいて、監護親と非監護親の間に、面会交流の円滑な実施に必要な最低限の信頼・協力関係を回復させることが必要であり、それが困難な場合には、第三者（代理人や民間の面会交流支援機関（第3章Ⅱ、Ⅲ1参照））による面会交流支援を活用して面会交流を継続して実施させながら協力関係を回復させるなど、調停での合意形成に至るプロセスにおいても慎重な対応が必要となります。

（片山登志子）

Ⅱ　面会交流紛争を解決する手続の流れ

1　離婚の交渉の中での面会交流の話し合い

　別居に至った夫婦は、大きく分けると次の二つの場合に分類することができます。
① 　離婚を前提として別居を開始した場合
② 　離婚についての意思は不確定なまま、とりあえず同居が困難となり別居を開始した場合

　前記①のようにどちらか一方が離婚を決意して別居を開始した場合には、別居後間もない時期に離婚の話し合いが開始されることが多く、当事者間の話し合いで離婚合意に至ることが難しいケースでは離婚について弁護士に委任がなされることになります。

　代理人としては、離婚の交渉や調停の委任を受けた場合においても、前述した「子に対する離婚の影響を最小限にする」という考えから、同居親に対するDVがあったり、子に対する虐待が認められるなどの特別な事情のある場合を除き、子と非同居親との面会交流についても話し合いをするよう配慮をすることが重要です。

　具体的には、同居親が依頼者の場合には、依頼者から、別居に至った経緯および子の現在の生活状況や非同居親との従来の交流がどのようなものであったかを聞き取り、依頼者が面会交流についてどのような考えをもっているか、不安を感じているのであれば具体的にどのような点が不安であるのか、さらに、祖父母と同居している場合には祖父母が面会交流についてどのような意向を示しているかなどを依頼者の気持に寄り添って、まずは聞くことが肝要です。そのうえで、円満な面会交流がもたらす子の成長へのプラスの影響を説明し、さらに、面会交流をする場合には具体的な場所や方法についてどのような工夫が可能か（代理人の事務所を利用したり、代理人が立ち会った

りする例もあることなど）を説明します。また、子がおおむね小学生以上であれば、面会交流について気持や希望を同居親から聞いてもらったり、場合によっては代理人が子と会って子の心情を聞き取るなどして、同居親および子の面会交流に対する理解を得、無理のない面会交流方法についてのイメージを確認したうえで、非同居親（代理人が就いている場合は代理人）と、まずは試行的・暫定的な面会交流の実施に向けた話し合いを開始することになります。

　非同居親が依頼者の場合も同様の聞き取りが必要です。すなわち、依頼者から、別居に至った経緯および（わかる範囲で）子の現在の生活状況や同居親・非同居親との従来の交流がどのようなものであったかを聞き取り、依頼者が面会交流についてどのような考えをもっているか、同居親が面会交流についてどのような不安を感じていると推測されるかなどを依頼者の気持に寄り添って、まずは聞きます。そのうえで、円満な面会交流は子の成長にとってプラスの影響をもたらすことを説明するとともに、面会交流は、ともすれば同居親や子に不安を感じさせることもあり、そのことによって子が新たなストレスを受ける場合もあるので、面会交流の具体的な場所や方法については工夫が必要であること（代理人の事務所を利用したり、代理人が立ち会ったりする例もあることなど）を説明します。このようにして、非同居親に、円満な面会交流のために子や同居親の心情にも配慮するよう理解を得、無理のない面会交流方法についてのイメージを確認したうえで、同居親（代理人が就いている場合は代理人）と、まずは試行的・暫定的な面会交流の実現に向けた話し合いを開始することになります。

　離婚を前提に別居が開始しているケースでは、同居親は子の親権者となることを希望し、離婚と親権者についての合意ができるまでは非同居親と子の面会交流を認めないと主張することも少なくありません。しかし、本章の冒頭で述べたように、別居に至った夫婦は、常に子の最善の利益が何であるかを考え、子の生活や心情に目配りをして、別居や離婚が子に与える影響を最

小限にすることに最大の配慮をすることが重要です。同居親、非同居親の双方が、自分たちの離婚の問題とは切り離して、別居中における子の最善の利益を考えて面会交流の実施に向けた話し合いができるよう、代理人は依頼者への働きかけをすることが求められます。かつ、大切なことは、同居親と子の心情に十分に配慮した無理のない試行的面会交流を実施することです。

　前記②のように夫婦のどちらもが離婚を明確に考えることなく別居に至ったケースでは、婚姻費用分担の話し合いや別居解消の話し合いに関心が向いてしまい、子との面会交流について意識されることのないまま時間が経過したり、あるいは婚姻費用の金額についての対立が激しく、同居親が要求する婚姻費用が支払われない限り面会交流に協力しないといった主張がなされることもあります。しかし、こうした場合でも、夫婦間の感情のもつれや婚姻費用分担額の争いとは切り離して、別居中における子の最善の利益を考えた面会交流の実施に向けた話し合いを代理人は支援することが大切です。

2　話し合いで面会交流が実施できない場合の調停の活用

　以上のような調整をしても、当事者間あるいは代理人の関与のもとでの試行的面会交流の合意すら難しい場合、あるいは試行的面会交流を実施したものの当事者間でトラブルとなり継続した実施が困難となる場合も少なくありません。このような場合は、実施困難な原因がどこにあるのかについて十分に検討をする必要がありますが、そのうえで、家庭裁判所における調停手続を利用することをお勧めします（夫婦関係調整（離婚）調停といいますが、以下では単に「離婚調停」といいます）。

　別居中における面会交流実現のための家庭裁判所の調停の利用方法としては、次の二つが考えられます。面会交流調停（離婚調停における面会交流の話合いも含め）では、家庭裁判所調査官による調整活動が面会交流の実施に大きな役割を果たしています（第3章Ⅰ参照）。

(1) 離婚とあわせて面会交流の話し合いをしたい場合

　離婚の話し合いとあわせて面会交流についても話し合いをしたい場合には、離婚調停の中で面会交流についての話し合いも行うことが可能です。離婚調停の中で家庭裁判所調査官の関与のもとでの試行的面会交流が実施されることもあります。

　また、離婚調停と並行して、面会交流調停を申し立てることも可能です（たとえば、同居親が離婚を希望し、非同居親が離婚を拒否しているような場合には、非同居親から面会交流調停が申し立てられ、二つの調停が同じ期日に指定されて同時に話し合われることも少なくありません。この場合、離婚調停が不成立になると離婚は訴訟を提起する必要がありますが、面会交流については引き続き調停で話し合いがなされることもあります。面会交流調停は不成立になった場合には、引き続き審判手続に移行し、裁判官が必要な審理手続を経たうえで審判で決定します）。

　さらに、離婚調停中は離婚調停の中で面会交流の話合いを行い、離婚調停が不成立になった時点で、面会交流調停を別途申し立てて、面会交流については調停での話し合いを継続するという場合もあります。

(2) 面会交流の話し合いのみをしたい場合

　離婚について話し合う意向はないが、とにかく子との面会交流について話し合いがしたいという場合には、面会交流調停のみを申し立てることも可能です。

Ⅲ　面会交流事件の代理人に求められる基本姿勢

1　監護親（同居親）の代理人に求められる基本姿勢

　面会交流が円滑かつ継続的に実施できるかどうかは、監護親（同居親）の対応によるところが大きいので、監護親の代理人は、子の福祉の実現に重大な責任を負っていることを自覚しておかなければなりません。その意味では、子が将来、非監護親（非同居親）とどのようにかかわっていくのかについて、代理人はそれを左右するほどの強い影響力をもっているといっても過言ではありません。

　代理人にとって子は自分の依頼者ではありませんが、依頼者である監護親の意向を尊重するあまり、子の福祉を軽視するようなことがあってはなりません。子は、発達段階、おかれた状況によって自己の意思を明確に表示できない場合や、自己の意思を表示したとしてもその内容は流動的であることがあり、基礎となっている情報の正確性もおぼつかないことがあります。

　代理人は、依頼者（監護親）に対する関係ではその気持に十分寄り添うとともに、子に対する関係では後見的な視点をもって、面会交流の実施によって子の福祉が害されるおそれがあるといえる特段の事情がある場合（たとえば、①非監護親による連れ去りのおそれ、②非監護親による子の虐待のおそれ、③非監護親による監護親に対する暴力等）を除き、面会交流の実施に尽力することが大切です。

2　非監護親（非同居親）の代理人に求められる基本姿勢

　非監護親は、当初は、離婚、財産分与、養育費等が相談の中心となって、積極的に面会交流についての要望を示さないことがあります。

　このような場合には、代理人は、面会交流という手続があることを説明し、希望があれば速やかに監護親に対して面会交流の申入れをすべきです。

また、非監護親が面会交流に消極的な場合であっても、子が非監護親に愛着をもったり信頼関係を構築したりして、継続的に交流の機会をもつことは、子の人格形成や発育に与える影響が大きく極めて有益であることを説明し、面会交流のもつ意義について理解を求めることが重要です。

Ⅳ 別居して間がない時期

1 同居親の代理人に求められる考え方と対応

　同居親は、多くの場合、婚姻関係の継続を断念して離婚を決意し、かつ、子の親権者となることを意図して子を連れて別居に及んでいます。その結果、同居親の主たる関心事は、離婚や財産分与であることが多く、面会交流の調整の必要があることに気づいていない場合や、面会交流の調整を意図的に回避している場合があります。しかし、前述のとおり、面会交流は離婚事件に伴う重要な問題の一つですから、同居親の代理人は、この点を依頼者に十分に説明する必要があります。

　また、親権の対立が予想される事案においては、同居親が面会交流に消極的であったり、時には拒否的な態度を示すことがあります。しかし、このような場合であっても、代理人としては、面会交流の意義や有益性を同居親に丹念に説明して同居親の理解が得られるよう努め、面会交流の実施によって子の福祉が害されるおそれがあるといえる特段の事情がある場合（たとえば、①非同居親による連れ去りのおそれ、②非同居親による子の虐待のおそれ、③非同居親による同居親に対する暴力等）を除き、早期の段階で面会交流を実施するように促すべきです。

　さらに、同居親は、面会交流に際して、非同居親による子の連れ去りのおそれ、同居親から自身の悪口を吹き込まれるおそれなど、さまざまな不安を述べることが予想されます。代理人としては、たとえば、面会交流の場所に代理人事務所の会議室を提供したり、事務所の外であっても代理人自身が立ち会うなどして、同居親の不安を可能な限り払拭できるよう積極的に関与することが求められます。

2　非同居親の代理人に求められる考え方と対応

　別居をするにあたって、両親の間で子の監護について十分な話し合いがなされ、別居後の面会交流が円滑に実施されていることは稀です。多くの場合、非同居親は、ある日突然、子と引き離され、子との面会をいっさい遮断されているか、同居親の指定する限られた面会交流に甘んじざるを得ないといった状況にあります。また、同居中から育児に積極的にかかわってきたことを自負している非同居親ほど、同居親が設定する各種の条件に違和感を示し、話し合いがうまく進まず、面会交流の開始自体が遅れてしまう傾向にあります。

　しかし、長期間にわたって面会交流が実施されずに子と非同居親が離されると、両親の不和の渦中にある子は、両親の葛藤に極めて敏感であるため、親子関係の再構築までに相当時間がかかり、親子関係の修復ひいては面会の実施がさらに困難になるおそれがあります。

　非同居親の代理人は、このような点に配慮しながら、できるだけ早期に面会交流を実施するよう努力すべきです。

V 離婚あるいは面会交流に関する調停が係属している時期

1 監護親の代理人に求められる考え方と対応

(1) 監護親からの聞き取り

　依頼者が面会交流を拒否するか、消極的な態度を示す理由はさまざまです。監護親の代理人としては、その理由を具体的に聞き取り、依頼者の不安を取り除くにはどのような措置を講じる必要があるかを検討しなければなりません。子にとって、身体的にも精神的にも最も負担の少ない方法を模索し、依頼者の受け入れられる条件や方法を検討し、依頼者に提示することが必要です。

　そのためには、子と日々接している監護親から事実経過を正確に聞き取ることが極めて重要です。調停の初動段階において充実した情報提供ができれば、第1回期日から実質的な協議を開始することもできます。

　また、両親の葛藤に伴う身体的・精神的負担を最小限に抑えるには、どのようなルールの下に面会交流を実施していくべきかについて、調停委員会および家庭裁判所調査官といっしょに考えていくことが、紛争解決への近道になります。

(2) 第三者機関の面会交流支援を受けるための協議、調停調書の記載事項

　非監護親に子を委ねてしまうことに強い不安があり、立会人なくして面会交流に応じられない監護親にとっては、公益社団法人家庭問題情報センター（通称FPIC）などの第三者機関による面会交流の支援サービス（第3章Ⅱ、Ⅲ1参照）を受けることが有用です。

　第三者機関による面会交流支援を円滑に実施していくためには、次の①～⑤の事項等についても協議し、調停調書に記載してもらうことが好ましいと

されています。
① 面会交流の頻度と交流時間
② 支援者の付添い（立会い）の要否
③ 写真やプレゼント・飲食物提供の可否
④ 祖父母等親族の同席（立会い）の可否
⑤ 費用負担の割合

2 非監護親の代理人に求められる考え方と対応

(1) 非監護親への働きかけ

　子は、両親の不和によって非監護親との離別やその他の生活環境の変化を余儀なくされ、新しい環境に適応するために、時には非監護親に対して無関心となり、また心理的に敵とみなしてしまうことがあります。離婚の調停が長引くと、監護親の影響下にある子は、非監護親からの愛情に不安を感じ、やがてこの不安から逃れるために非監護親への愛着を捨てて気持の整理をつけようとすることがあります。

　非監護親の代理人は、早期に面会交流ができるよう働きかけるとともに、子が非監護親の愛情を直接感じ取ることができる環境づくりをめざす必要があります。葛藤のある監護親に対し理解を求めて協力を得ることは難しいことではありますが、非監護親の代理人は、子の福祉を最優先にすべきことを訴えて粘り強く働きかけるとともに、適時に調停委員会や家庭裁判所調査官の協力を求めて、面会交流の実施をめざした努力を続けていかなければなりません。

　子が両親の離婚という一大事に直面してもなお非監護親への愛着を失わないよう、精神的交流の機会を確保して子に安心感を与えることこそ、非監護親の子に対する責務といえます。

(2) 申立書等作成にあたっての注意事項

　子の監護に関する処分（面会交流）調停の調停申立書（【書式1】参照）に

V　離婚あるいは面会交流に関する調停が係属している時期

は、子と別居するに至った経緯、その後の面会交流の有無、回数、頻度および交流中の状況、円滑な実施が継続できていない原因等について具体的に記載します（【書式2】事情説明書もあわせて参照）。

　当該調停手続中に提出した書面は、監護親側の目に触れる可能性がありますので、監護親を過度に刺激するような事項や、特に監護親が関知していない子の言動については書面に記載せず、調停期日に口頭で調停委員会に伝えるといった注意が必要です。

2　非監護親の代理人に求められる考え方と対応

【書式1】　子の監護に関する処分（面会交流）調停申立書

この申立書の写しは，法律の定めるところにより，申立ての内容を知らせるため，相手方に送付されます。
この申立書とともに相手方送付用のコピーを提出してください。

受付印	家事 □ 調停 / □ 審判　申立書　子の監護に関する処分（面会交流）
収入印紙　　円 予納郵便切手　　円	（この欄に未成年者1人につき収入印紙1,200円分を貼ってください。） （貼った印紙に押印しないでください。）

家庭裁判所 　　　　　　御中 平成　　年　　月　　日	申　立　人 （又は法定代理人など） の記名押印	印

添付書類	（審理のために必要な場合は，追加書類の提出をお願いすることがあります。） □未成年者の戸籍謄本（全部事項証明書） □	準口頭

申立人	住　所	〒　－ 　　　　　　　　　　　　　　　（　　　　　方）			
	フリガナ 氏　名		昭和 平成	年　月　日生 （　　歳）	

相手方	住　所	〒　－ 　　　　　　　　　　　　　　　（　　　　　方）		
	フリガナ 氏　名		昭和 平成	年　月　日生 （　　歳）

未成年者	住　所	□ 申立人と同居　／　□ 相手方と同居 □ その他（　　　　　　　　　）	平成　年　月　日生 （　　歳）
	フリガナ 氏　名		
	住　所	□ 申立人と同居　／　□ 相手方と同居 □ その他（　　　　　　　　　）	平成　年　月　日生 （　　歳）
	フリガナ 氏　名		
	住　所	□ 申立人と同居　／　□ 相手方と同居 □ その他（　　　　　　　　　）	平成　年　月　日生 （　　歳）
	フリガナ 氏　名		
	住　所	□ 申立人と同居　／　□ 相手方と同居 □ その他（　　　　　　　　　）	平成　年　月　日生 （　　歳）
	フリガナ 氏　名		

（注）　太枠の中だけ記入してください。　　□の部分は，該当するものにチェックしてください。

33

Ⅴ　離婚あるいは面会交流に関する調停が係属している時期

この申立書の写しは，法律の定めるところにより，申立ての内容を知らせるため，相手方に送付されます。
この申立書とともに相手方送付用のコピーを提出してください。
(注)□の部分は，該当するものにチェックしてください。

申　立　て　の　趣　旨

（　□申立人　／　□相手方　）と未成年者が面会交流する時期，方法などにつき
（　□調停　／　□審判　）を求めます

申　立　て　の　理　由

申　立　人　と　相　手　方　の　関　係

□　離婚した。
□　父が未成年者＿＿＿＿＿＿＿＿＿＿を認知した。　　　｝その年月日：平成＿＿＿年＿＿＿月＿＿＿日
□　婚姻中→監護者の指定の有無　□あり（□申立人　／　□相手方）　／　□なし

未成年者の親権者（離婚等により親権者が定められている場合）

□　申立人　／　□　相手方

未　成　年　の　監　護　養　育　状　況

□　平成　　年　　月　　日から平成　　年　　月　　日まで
　　　□申立人　／　□相手方　／　□その他（　　　　　　）のもとで養育
□　平成　　年　　月　　日から平成　　年　　月　　日まで
　　　□申立人　／　□相手方　／　□その他（　　　　　　）のもとで養育
□　平成　　年　　月　　日から平成　　年　　月　　日まで
　　　□申立人　／　□相手方　／　□その他（　　　　　　）のもとで養育

面　会　交　流　の　取　決　め　に　つ　い　て

1　当事者間の面会交流に関する取決めの有無
　　□あり（取り決めた年月日：平成＿＿＿年＿＿＿月＿＿＿日）　　□なし
2　1で「あり」の場合
　(1)　取決めの方法
　　　□口頭　□念書　□公正証書　　　｜＿＿＿＿＿＿家庭裁判所＿＿＿＿＿＿（□支部／□出張所）
　　　□調停　□審判　□和解　□判決　→　｜平成＿＿＿＿＿年（家　　）第＿＿＿＿＿＿号
　(2)　取決めの内容
　　　（＿＿＿＿＿＿＿＿＿＿＿＿＿＿＿＿＿＿＿＿＿＿＿＿＿＿＿＿＿＿＿＿＿＿）

面　会　交　流　の　実　績　状　況

□　実施されている。
□　実施されていたが，実施されなくなった。（平成＿＿＿年＿＿＿月＿＿＿日から）
□　これまで実施されたことはない。

本　申　立　て　を　必　要　と　す　る　理　由

□　相手方が面会交流の協議等に応じないため
□　相手方と面会交流の協議を行っているがまとまらないため
□　相手方が面会交流の取決めのとおり実行しないため
□　その他（＿＿＿＿＿＿＿＿＿＿＿＿＿＿＿＿＿＿＿＿＿＿＿＿＿＿＿＿＿＿＿＿）

2 非監護親の代理人に求められる考え方と対応

【書式2】 事情説明書（大阪家庭裁判所）

事 情 説 明 書

これは申立書を補うものです。回答欄に必要事項を記入し、あてはまるところの□にレ印をつけてください。
<u>この説明書は、相手方から申請があれば、見せたり、コピーをさせます。</u>

1 同居家族及び住宅の状況

	続柄	氏　名	年齢	学年・仕事		続柄	氏　名	年齢	学年・仕事
申立人					相手方				

申立人:
□自宅　□借家（家賃：月　　　万円）
□実家　□親族（　　　　　）方で同居
□友人（　　　　　　　　）方で同居
□母子生活支援施設・シェルター・自立支援施設等
□その他（　　　　　　　　　　　）

相手方:
□自宅　□借家（家賃：月　　　万円）
□実家　□親族（　　　　　）方で同居
□友人（　　　　　　　　）方で同居
□母子生活支援施設・シェルター・自立支援施設等
□その他（　　　　　　　　　　　）

2 面会交流の実情と希望

(1) 現在、面会交流を
　□実施している
　□実施していない（取り決めのとおり実施できていない場合を含む。）
　　→その事情等

(2) 今後、面会交流を
　□次のとおり実施したい
　　→希望する回数等

　□実施したくない
　　→その理由等

3 この申立てをすることを相手方は知っていますか。また、調停への呼出に応じると思われますか。

□ 知っている　　□ 知らない

□ 調停には出席すると言っていた　　□ 調停には応じないかもしれない
□ 調停には応じると思う　　　　　　（理由）
□ 分からない

4 あなたの仕事の状況
□ 無職
□ 正社員/□パート/□アルバイト
（勤務先）
　会社名：
　勤務先住所：
　業務内容（　　　　　　　）

5 相手方の仕事の状況
□ 無職
□ 正社員/□パート/□アルバイト
（勤務先）
　会社名：
　勤務先住所：
　業務内容（　　　　　　　）

（次頁へと続きます）

事情説明書　面会交流（1／2）

Ⅴ 離婚あるいは面会交流に関する調停が係属している時期

この説明書は，相手方から申請があれば，見せたり，コピーをさせます。

6 以前に家庭裁判所で調停等を行ったことがありましたか。
□ ある→□今も続いている □終わった 　・申立ての時期（平成　　年　　　月ころ） 　・裁判所（□大阪家裁　□　　　　　　　　　　　　 平成 年(家)第　　　号) 　・内容（　　　　　　　　　　　　　　） □ ない
7 相手方からの暴力等及び保護命令の申立て等について
(1) 相手方から受けたことのある暴力等の内容 　□ 殴る・蹴る　□ 物を投げる　□ 凶器を持ち出す　□ 怒鳴る, 暴言, 脅迫　□ 子や親族に対する暴力 　□ その他(具体的にお書きください) 　□ 暴力等を受けたことはない (2) 地方裁判所に保護命令申立て等をしましたか。 　□ 申立てをした。（□別添申立書写しのとおり） 　　・平成　　年　　月　　日□申立　□審尋　□認容（別添命令書写しのとおり） 　　・申立ての内容：□接近禁止命令　□退去命令 　□ 申立てはしていない。　　□ 申立ての予定 　□ 警察に相談したことがある。

申 立 て の 実 情

調停（審判）を進める上での希望，その他参考となる事項があれば，適宜記入してください。

　　　　　　　　　　　　　　　　　　　氏　名　　　　　　　　　　　　　　　　　印

(3) 非監護親の監護親に対する協力への認識の把握

調停が開始されれば、調停委員会や家庭裁判所調査官が監護親に説明を求めることになるため、それまで面会交流について協議することに消極的だった監護親も、この問題に取り組まざるを得なくなります。

調停の第一段階は、調停委員を通じて、監護親が面会交流に消極的な態度を示す理由を知ることです。たとえば、監護親は、非監護親による子の連れ去りに対する不安、養育費滞納への不満、子が面会交流を望んでいないということが多くあります。

調停の第二段階は、監護親の不安を取り除く方策を検討し、積極的に提案をしていくことです。調停委員会も、非監護親がどのような方法での交流を望むのか、監護親の不安を取り除くためにどの程度協力するのかを把握することを中心にして調停を進めます。非監護親の代理人は、この点に関する非監護親の認識を説明するとともに、その方策を提案していく必要があります。家庭裁判所調査官の関与を求めることが必要となる場面もあります。

(4) 調停段階での解決をめざした環境調整・交渉

調停における話し合いによっても面会交流の合意に至らない場合は、調停は不成立となり自動的に審判手続に移行します。審判手続では、裁判官は、家庭裁判所調査官による調査や審問等の手続を経たうえで、面会交流を実施すべきか否か、実施する場合にはその回数や場所などの具体的な面会交流の実施方法について審判で決定します。しかし、現行法上、面会交流が審判で認められたとしても、監護親に対して面会交流を直接に強制する手段はありません。

面会交流における監護親の給付義務につき債務名義を得て間接強制（民事執行法172条。本章Ⅶ4参照）という執行手続をとることが考えられますが、監護親にそのような圧力が加えられた状況下では、監護親の非監護親に対する嫌悪感が子に対しても明示または黙示に伝わってしまい、そうでなくとも子は監護親の心情を敏感に察知するため、子が非監護親との面会交流に消極

的な態度を示すようになることがあります。そのようになれば、債務名義を得ても、結果的に、非監護親は子と安定した面会交流を実施していくことができません。

　また、非監護親は監護親に対し制裁金（間接強制金）を取り立てることはできますが、子との精神的交流を犠牲にしてまで監護親から金銭を取り立てることは本意ではないでしょう。

　このように、面会交流は、家庭裁判所の審判によって手続的には一応の決着が図られることになっていますが、現実には審判によっては本質的な解決を期待することができず、監護親と非監護親との間に大きなしこりを残してしまいます。

　非監護親の代理人としては、早々に調停を不成立にして審判手続に解決を委ねてしまうことのないように、調停手続を活用しつつ、面会交流を継続的に実施していくための環境調整に積極的に取り組み、粘り強く交渉を続けることが肝要です。

3　監護親・非監護親の双方の代理人に求められる考え方と対応

(1)　家裁調査官の関与の考え方と対応

　家庭裁判所調査官は、面会交流の調整を図るうえで、極めて重要な役割を果たしています。監護親・非監護親の双方の代理人にとって、調査官調査のかかわり方と試行的面会交流についての知識を深めておくことが重要です。

(ア)　調査官調査に対する意見等

　面会交流が問題となる調停においては、調停委員会とともに、家庭裁判所調査官が手続に関与することがあります。

　家庭裁判所調査官は、担当裁判官の調査命令を受けて、期日の立会いを通じて双方の話し合いの経過を見守り、面会交流の実施に向けた調整に取り組み、子の状況等の調査をします（「調査官調査」）。家庭裁判所調査官は、子と面談し、あるいは監護親の自宅を訪問して子の意向を調査することによっ

て、必ずしも子の言動のみでなく、生活実態も踏まえた多面的な観点から、子の心情にアプローチしています。

　監護親の代理人は、調査の必要性について意見を述べることはもちろん、調査の進行予定や調査態様についても意見を述べ、必要に応じて調査に立ち会うこともあります。非監護親の代理人も、調査の予定や調査態様について意見を述べることができます。

　　(イ)　調査報告書の閲覧・謄写

　調査の結果は「調査報告書」として文書化され、当事者はこれを閲覧・謄写することにより具体的な調査の経過や調査の状況を知ることができます。

　調停段階での調査官調査は、当事者双方の納得、合意形成を第一次的な目的としていますが、将来的に手続が審判移行した際には重要な審判資料となります。また、事案によっては当事者間に、子の監護者の指定・変更の審判や離婚訴訟が別途係属し、子の監護権や親権が争われている場合には、前記の調査報告書が、これらの手続でも裁判資料となりますので、代理人としては、このことも想定しておく必要があります。

　　(ウ)　試行的面会交流

　多くの家庭裁判所は、庁舎内で、家庭裁判所調査官が主導して面会交流を実施し、子や関係当事者の様子を観察する「試行的面会交流」と称する手続が実施されています。

　両親は、隣室でマジックミラーを通して面会交流の状況を観察することができます。

　試行的面会交流のメリットは、面会交流が途絶えていた当事者間に裁判所が関与することによって、面会交流を円滑に導くことができる点です。監護親が面会交流を拒否している事案では、なるべく早い段階で、試行的面会交流を試みるように依頼者に働きかけることが重要です。

　試行的面会交流を契機として、しばしば監護親の態度に変化がみられることがあります。試行的面会交流は、面会交流の安定化、ひいてはその後の代

理人業務を円滑に行ううえでも非常に有益なので、事案によっては積極的に活用することをお勧めします。

(2) 履行確保を念頭においた調停条項の考え方と対応

非監護親と子との面会交流を直接に強制する手段はありません（前記2(4)参照）。しかし、非監護親の代理人としては、調停調書で合意された面会交流の履行を確保するための方策にも十分に留意しておくべきです。

一般に、調停条項を作成するうえで、履行確保の観点から留意すべき事項として、次の2点があげられます（具体的な調停条項例については、第5章Ⅲ1参照）。

まず、監護親と非監護親の双方が調停の中で面会交流の実施方法等について十分に協議したうえで条項を作成することです。できれば、調停の過程で暫定的に数回の面会交流を行い、双方が納得のいく形で面会交流の条項が定められていることが望ましいといえます。抽象的な協議だけを定めた面会交流の条項は、実施の段階で、さまざまな事情によって不都合が生じるおそれがあります。調停条項作成前に、いわば予行演習として面会交流を行い、これらの不都合をできるだけ発見し、双方で調整しておくことが、後々の面会交流の安定にとって有益です。

次に、面会交流に携わる代理人は、調停成立に向けて尽力しなければならないことはもちろんですが、調停条項を作成する際にも間接強制が可能な程度に具体性のある条項とするよう意識することも重要です（間接強制の可否および条項の特定性についての最高裁判所の判断は後記(3)参照）。

あわせて、監護親の代理人は、履行に消極的な監護親に対し、面会交流の不履行に関して不法行為責任、債務不履行責任を問われるリスクについても説明し、理解を求める必要があります（本章Ⅶ5参照）。

(3) 間接強制による強制執行の考え方と対応

(ア) 概　要

最高裁判所は、面会交流に係る調停調書または審判に基づく間接強制決定

をすることができるかについて、次の二つの事件において、「面会交流の日時又は頻度、各回の面会交流時間の長さ、子の引渡しの方法等が具体的に定められているなど監護親がすべき給付の特定に欠けるところがないといえる場合は、審判、調停調書に基づき監護親に対し間接強制決定をすることができると解するのが相当である」（なお、判決中の「抗告人」「相手方」等の当事者の表記は「監護親」「非監護親」等に置き換えています。以下同様）という同一の基準を示し、この基準にあてはめて判断をしました。

　(イ)　調停調書に基づく間接強制決定をすることができないとされた事例

　最決平成25・3・28集民243号271頁、判時2191号48頁の事案における調停調書の記載と最高裁判所の判断は、次のとおりです。

　(A)　調停調書の記載

　本件における調停調書（以下、「本件調停調書」といいます）の記載内容は、次の①②のとおりです（以下、それぞれ「本件調停条項①」「本件調停条項②」といいます）。

　①　監護親は、非監護親に対し、長男と、2カ月に1回程度、原則として第3土曜日の翌日に、半日程度（原則として午前11時から午後5時まで）、面接をすることを認める。ただし、最初は1時間程度から始めることとし、長男の様子をみながら徐々に時間を延ばすこととする。

　②　監護親は、前記①の面会交流の開始時に所定の喫茶店の前で子を非監護親に会わせ、非監護親は終了時間に同場所において子を監護親に引き渡すことを当面の原則とするが、面会交流の具体的な日時、場所、方法等は、子の福祉に慎重に配慮して、監護親と非監護親間で協議して定める。

　(B)　最高裁判所の判断

　本件調停条項①は、面会交流の頻度について「2カ月に1回程度」とし、各回の面会交流時間の長さも、「半日程度（原則として午前11時から午後5時まで）」としつつも、「最初は1時間程度から始めることとし、長男の様子を

V　離婚あるいは面会交流に関する調停が係属している時期

みながら徐々に時間を延ばすこととする」とするなど、それらを必ずしも特定していないのであって、本件調停条項②において、「面会交流の具体的な日時、場所、方法等は、子の福祉に慎重に配慮して、監護親と非監護親間で協議して定める」としていることにも照らすと、本件調停調書は、非監護親と長男との面会交流の大枠を定め、その具体的な内容は、監護親と非監護親との協議で定めることを予定しているものといえ、そうすると、本件調停調書においては、監護親がすべき給付が十分に特定されているとはいえないから、本件調停調書に基づき間接強制決定をすることはできないと判断しました。

　(ｳ)　審判に基づく間接強制決定をすることができるとされた事例

　最決平成25・3・28民集67巻3号864頁、判時2191号39頁の事案における審判書の記載と最高裁判所の判断は、次のとおりです。

　　(A)　審判書記載の面会交流の要領

　本件における審判書に記載された面会交流の要領(以下、「本件要領」といいます)は、次の①～④のとおりです。

①　面会交流の日程等について、月1回、毎月第2土曜日の午前10時から午後4時までとし、場所は、長女の福祉を考慮して非監護親の自宅以外の非監護親が定めた場所とする。

②　面会交流の方法として、ⓐ長女の受渡場所は、非監護親の自宅以外の場所とし、当事者間で協議して定めるが、協議が調わないときは、所定の駅改札付近とすること、ⓑ監護親は、面会交流開始時に、受渡場所において長女を非監護親に引き渡し、非監護親は、面会交流終了時に、受渡場所において長女を監護親に引き渡すこと、ⓒ監護親は、長女を引き渡す場面のほかは、非監護親と長女の面会交流には立ち会わない。

③　長女の病気などやむを得ない事情により前記①の日程で面会交流を実施できない場合は、監護親と非監護親は、長女の福祉を考慮して代替日を決める。

④　監護親は、非監護親が長女の入学式、卒業式、運動会等の学校行事（父兄参観日を除く）に参列することを妨げてはならない。

(B)　最高裁判所の判断

本件要領は、面会交流の日時、各回の面会交流時間の長さおよび子の引渡しの方法の定めにより監護親がすべき給付の特定に欠けるところはないといえるから、本件審判に基づき間接強制決定をすることができるとされました。

(エ)　小　括

前記(ア)～(ウ)のように、判例では、特定すべき給付の内容として、面会交流の日時または頻度、面会交流の長さ、子の引渡しの方法という3点が典型的なものとして列挙されています。こうしたことから、面会交流の大枠を定め、その具体的な内容は当事者間の協議によって定めるという、従来から実務上よく行われてきた調停条項の定め方によっては、履行確保の手段として間接強制をとることができないことが明らかとなりました。したがって、履行確保の手段として間接強制を考えるのであれば、調停条項の作成にあたって、監護親が給付すべき内容を具体的に特定しておかなければなりません。

しかし、監護親にとっては、子が心身ともに成長過程にあることから、その成長段階や将来の不確定な行事（進学や塾などの習い事）に応じて、面会交流の頻度や時間、場所等を柔軟に調整していきたいという心情が働くため、最高裁判所が求めるような特定性をもった調停条項の作成には消極的となることが予想されます。また、非監護親においても、面会交流の頻度や方法が条項記載の内容で固定される印象を与えることから、具体的な特定を好まない場合があります。

このような点を考慮に入れても、調停調書や審判書で面会交流の日時や場所等の実施方法が特定されていると、面会交流のたびに当事者間で協議する必要がなくなるという点で、メリットがあります。しかも、調停成立後は、監護親・非監護親とも代理人との委任関係が終了しており、本来なら当事者

V　離婚あるいは面会交流に関する調停が係属している時期

どうしで直接連絡をとり合って面会交流を進めていく必要がありますが、その作業自体に強いストレスを感じる当事者は少なくありません。その意味で、具体的かつ特定性のある調停条項を作成しておくことは、間接強制の手段の可否という観点からだけでなく、安定した面会交流の実施にとって有益であると考えられます。

　なお、将来、子の成長その他の事情によって面会交流の頻度や実施方法を変更すべき場合は、当事者で協議をして、また協議が調わないときは審判によって、従前の調停条項を変更することができます。

Ⅵ 面会交流に関する調停が不成立となり審判に移行した後の時期

1 実質的な協議が未了のまま審判移行したケースの対応

　面会交流に関する事件は、原則として、まず調停手続での解決が図られることになっており、調停で合意に至る見込みのないことが判明した後に審判手続へ移行します。したがって、本来ならば、面会交流の審判事件は、すでに調停段階で十分に協議が尽くされてから始まるはずです。

　しかし、当事者は、離婚調停においては、養育費や婚姻費用に関する紛争が同一期日で進行している場合、それらに注力するあまり、面会交流については十分な協議をしないまま調停不成立となって審判に移行することがあります。つまり、面会交流については形式的には調停を経たものの、実質的には十分に協議がなされていないことがあるのです。

　そのような場合にも、審判で面会交流の実施が命じられると、監護親と非監護親は、審判に従って面会交流を実施していかざるを得なくなります。

　しかし、形式的に審判に従うだけでは、非監護親と子との交流という面会交流の本来の目的を達成することはできません。結局のところ、審判手続においても、当事者双方が、継続的に面会交流を実施していくために、面会交流の日時または頻度、場所やその他の方法についての環境調整をすることが不可欠になってきます。

　したがって、代理人としては、面会交流について実質的な協議が未了のまま審判移行したようなケースでは、終局的判断のみを求めるのでなく、話し合いによる環境調整の余地を示したうえで、付調停（家事事件手続法274条）を促すことも検討すべきです。

2 陳述書作成にあたっての注意事項

(1) 陳述書の記載内容

　審判手続においては、家庭裁判所から各当事者に対し、「陳述書」の提出が求められます。

　陳述書に記載すべき事項は、監護親または非監護親の生活状況、子の生活状況、過去の面会交流に関する事項等ですが、家庭裁判所が陳述書のひな型を作成して当事者に交付することもあります。もちろん、必ずしもこのひな型どおりに陳述書を作成しなければならないわけでありませんが、前記の事項は、家庭裁判所が審判資料として、ぜひとも提供してもらいたい情報（事実）ですから、その点を踏まえて内容を整理していく必要があります。

(2) 監護親の意向

　ところで、面会交流の申立ての却下を求める監護親は、陳述書に面会交流の頻度や方法について具体的な記載をしていないことがあります。

　面会交流の実施自体を否定する監護親にとっては、当然の対応といえますが、仮に家庭裁判所が面会交流の実施を相当と考える場合に、非監護親の意見のみを参考とされるおそれがあります。結果的には審判に拘束されるのは監護親ですから、たとえ心情的には実施に反対であっても、予備的に、面会交流の日時または頻度、実施の方法（子の受渡しの方法、立会人の要否等）について監護親の意向を記載しておくか、何らかの方法で監護親の意向を家庭裁判所に伝えておくことが望ましいでしょう。

3 家裁調査官の関与

　審判手続においても、家庭裁判所調査官が期日に立会いをしたうえで、裁判官の調査命令によって種々の調査を実施するなど、手続に深く関与します。多くの場合、調停段階で関与した家庭裁判所調査官が引き続き担当しているようです。家庭裁判所調査官による事案の理解や関係者の心情分析は、

審判においても重要な基礎資料となります（本章Ⅴ3(1)も参照）。

代理人としては、調査官による調査が当事者ないし関係者の実態を正しく把握した内容となるよう常に意識し、必要に応じて情報提供をしたり、意見を述べる必要があります。

4　代理人活動の視点

(1)　継続的な支援の約束

面会交流に消極的な監護親の多くは、非監護親と連絡をとることや顔を合わせることに強い不安（恐怖心）を抱えています。特に審判にまで至る事案では、もとより両親の葛藤が激しく、たとえ審判で面会交流が命じられたとしても、当事者どうしでこれを実施していくことは、実際上極めて難しいといえます。

そこで、審判に基づく面会交流においても、可能な限り代理人が関与していくこと（たとえば、面会交流の場所に代理人事務所の会議室を提供したり、事務所の外であっても代理人が立ち会うなど）を約束することで、監護親は安心して、面会交流の実施に踏み切ることができるようになります。また、面会交流を支援してくれる第三者機関（第3章Ⅱ、Ⅲ1参照）を利用することも有効です（ただし、監護親の同意がないと利用できません）。費用や時間の点で代理人にとっても負担が大きくなると思われますが、面会交流支援を通じて、面会交流のあり方、その意義、親と子の心情の変化等を面会交流の現場で体験することによって、その後の代理人業務を続けるうえで有益になると思われます。

(2)　調停成立を視野に入れた活動

審判手続に移行したからといって、調停成立は不可能であると早々に諦めるべきではありません。審判手続の中で提出される陳述書から見えてくる双方の状況や意向、審問期日でのやりとり、その後の事情変更等を総合して調停成立の機運が高まることは珍しくありません。

Ⅵ　面会交流に関する調停が不成立となり審判に移行した後の時期

　前述したとおり、面会交流は、当事者双方の合意に基づいて取り決めることが履行確保の面からも望ましいので、審判手続を進めつつも、最後の最後まで調停成立を視野に入れた代理人活動を心がけるべきです。

5　即時抗告の申立て

　審判内容に不服がある場合は、即時抗告（家事事件手続法85条以下）をすることによって高等裁判所で審理されることになります。抗告審においては、審判期日が開かれることはほとんどありませんが、稀に家庭裁判所調査官を関与させて調査が行われることがあります。

　代理人としては、原審判に面会交流の可否やその方法等につき審理不尽や調査の欠缺があると考えるときは、抗告審においても積極的に調査の実施を求めていくべきです。

Ⅶ　履行確保の考え方と手続

1　実施状況が落ち着くまでの一定期間の支援

　調停または審判により面会交流の内容が確定することによって、当事者と代理人との委任契約は、形式的に終了している場合が多いと思われます。

　しかし、当事者としては、これから継続的な面会交流を実施していくためのまさにスタートラインに立ったばかりであって、当面は、引き続き代理人によるサポートが必要な状況にあることが少なくありません。また、依頼者も代理人の支援を期待している場合もあります。

　代理人としては、面会交流に取り組んでいる依頼者の心情面のケアにも配慮しつつ、面会交流の実施状況が落ち着くまでの一定期間について、面会交流支援を行っていくことが望ましいと思われます。

　支援すべき内容は、当事者間の連絡の仲介、付添い、代理人の事務所の会議室を面会交流の場所として提供することなど、事案に応じてさまざまな対応があります。その際に、基本的なあり方として、代理人は、当事者自身が主体的にかかわるように、側面から支援するという方法が望ましいでしょう。このような代理人の支援活動があるからこそ、面会交流が実施できているという事例も珍しくありません。

2　履行勧告の申出

　前述のような代理人の努力にもかかわらず、任意の履行が得られなかった場合には、間接強制を申し立てる前に、家庭裁判所調査官による履行勧告（家事事件手続法289条）を利用することを検討します。また、相手方の履行状況が不十分で改善されない場合や、相手方が履行を拒否する蓋然性が高い場合にも利用できます。ただし、強制力がないため、相手方が履行勧告を無視してしまえば、効果はないことになります。

履行勧告の申出は、口頭ですることも可能ですが、代理人としては、勧告を行う家庭裁判所調査官が、当該事案における過去の面会交流の実施状況や不履行に至る経緯を把握しやすくするために、これらを具体的に記載した「履行勧告申出書」を作成し、必要に応じて疎明資料を添付しておきます。また、担当家庭裁判所調査官と連絡をとり、依頼者（申立人）の心情や相手方の状況、これらを踏まえた勧告の方法とその内容についても協議しておくことも必要です。

家庭裁判所調査官は、履行勧告の申出後、適宜の方法で相手方と連絡をとって任意の履行を促します（第3章Ⅰ4参照）。

3　再調停の申立て

監護親が面会交流を拒否している理由が、監護親や子の生活状況の変化により、調停で決められた頻度や時間が合わないということもあります。そのような場合には、新たに調停を申し立てて、その調停の中で、現在の生活状況にあった面会交流の方法を協議することが考えられます。

前述のとおり、面会交流は、本質的に当事者双方の協力があって成り立つものであることを考えると、間接強制を申し立てる前に、再調停の申立てについて検討する価値はあるでしょう。しかし、相手方が調停に応じなかったり、そもそも面会交流を全面的に拒否している場合には、調停を行っても無意味になります。

4　間接強制の申立て

監護親が、家庭裁判所調査官による履行勧告（前記2参照）にさえも応じず、面会交流が実施できない状況が続いているケースでは、間接強制（民事執行法172条）による強制執行に踏み切るかどうかを検討せざるを得ません。その際は、前述したように、債務名義となるべき調停調書または審判書の内容が、執行できるように十分な具体性・特定性を備えているかどうかについ

て、近年の最高裁判所の決定を踏まえた検討をしておく必要があります（本章Ⅴ3(3)参照）。

　前述のとおり、履行確保との関係で生じる困難な問題としては、仮に間接強制を実行できたとしても、それによって両親の葛藤が増し、子が非監護親との面会交流に消極的な態度を示しかねないことです。場合によっては、監護親の子に対する支配や抑圧が強まることもあるかもしれません。また、子が監護親の心情を慮って非監護親との面会交流を控えようとするか、監護親を苦しめる非監護親を敵視してしまうこともあるかもしれません。いずれにしても、子との精神的交流を実現すべく申し立てた間接強制が、結果的に逆の作用をしてしまう可能性も否定できません。

　これらの点を検討しても、間接強制でもって状況を動かさざるを得ない場合には、家庭裁判所において間接強制の申立てを行います。発令までの審理は基本的に書面により行われています。間接強制の制裁金の額は養育費の金額を考慮に入れることが多いので、あらかじめ申立書にそれを記載しておく必要があります。

　間接強制の制裁金の額は、1回あたり、おおむね3万円～5万円程度になることが多いようです。

　間接強制の決定により、監護親は非監護親に対し、面会交流の不履行を理由とする間接強制の制裁金の支払義務を負うことになります。監護親は、非監護親に対し、養育費請求権を有している場合が多く、監護親は、養育費請求権を自働債権として相殺することができますが、一方で、非監護親は、養育費の支払いに対して間接強制の制裁金請求権を自働債権として相殺に供することができません。したがって、非監護親は監護親から取り立てなければ、間接強制の制裁金を回収できないということになります。

5　損害賠償請求

　債務名義となるべき調停調書または審判書の内容が、十分な具体性・特定

性を備えていないなど、間接強制ができない場合に、面会交流を不当に拒否する親に対して、不法行為あるいは債務不履行に基づく損害賠償請求をすることは可能なのでしょうか。

　静岡地浜松支判平成11・12・21判時1713号92頁によると、離婚した父親の子に対する面接交渉（面会交流）を拒否した親権者である母親の不法行為責任として、500万円の慰謝料請求が認められています。この事案の特殊性もあるので、高額の慰謝料が認められたと思われますが、面会拒否が不法行為に該当しうることを判示した珍しい裁判例です（第5章Ⅰ事例2も参照）。

　　　　　　　　　　　　　　　　　　　　　　　（齋藤　勝・村岡泰行）

第3章

面会交流を実施するための関係諸機関

I　家庭裁判所、家裁調査官による面会交流実施のための手続と事例

　ここでは、家庭裁判所調査官（以下、本章Iでは「家裁調査官」といいます）の立場から、面会交流事件に関する家庭裁判所、家裁調査官の役割を解説するとともに、代理人の実務に参考になるであろう事例を紹介します。

1　家裁調査官

　家裁調査官は、裁判所法61条の2により、各家庭裁判所に配置されており、家事事件手続法で定める家庭に関する事件の審判および調停、人事訴訟法で定める人事訴訟の第1審の裁判に必要な調査その他事務を掌ります。また、家裁調査官は、その職務を行うについては、裁判官の命令に従うと定められています。

　その職務内容は、事実の調査、報告、意見具申（家事事件手続法58条の1〜58条の4）、審判または調停期日立会い、意見陳述（同法59条の1・59条の2）、社会福祉機関との連絡（同法59条の3）、子の意思の把握（同法65条）、人事訴訟事件における事実の調査、報告、意見具申（人事訴訟法34条）と規定されています。

　特に家事係の家裁調査官に期待されるのは、行動科学の専門家として、複雑困難な家事事件の適正・迅速な審理と紛争解決に寄与し、特に子の福祉にかかわる事案において行動科学の知見に基づく専門性を発揮することです。

　家事事件手続法65条では、「家庭裁判所は、親子、親権又は未成年後見に関する家事審判その他未成年者である子（未成年被後見人を含む。以下のこの条において同じ。）がその結果により影響を受ける家事審判の手続においては、子の陳述の聴取、家庭裁判所調査官による調査その他の適切な方法により、子の意思を把握するように努め、審判をするに当たり、子の年齢及び発達の程度に応じて、その意思を考慮しなければならない」とされ、これは同法

258条により調停にも準用されるため、離婚調停における親権の帰すうや面会交流の取決めにあたっても、子の意思が適切に反映されることが期待され、家裁調査官の調停における役割への期待はいっそう増しているといえます。

2　面会交流事件における家裁調査官の役割

　家庭裁判所の実務においては、非監護親（非同居親）と子との面会交流は基本的に子の健全な育成に有益であるとの認識の下、その実施によりかえって子の福祉が害されるおそれがあるといえる特段の事情がある場合を除き、面会交流を認めるべきという考え方が定着しています。

　したがって、面会交流調停および審判の手続においては、子の福祉の観点から面会交流を禁止または制限すべき事由が認められない限り、具体的な事案に即して、面会交流の円滑な実施に向けて審理・調整を進めることが基本方針とされています。

　そして面会交流事件は、個別の事案に応じて、子の福祉の観点からきめ細かな調整が必要となる事件類型であることから、家庭裁判所においては、行動科学の知見を有する家裁調査官が重要な役割を担うことになります。

⑴　面会交流事件における家裁調査官の調査

　面会交流調停事件の進行は、子の発達段階に応じた対応が求められ、専門的な知見に基づいた進行が求められます。そのため、調停委員および裁判官は、事実関係の把握や当事者への助言、指導、出頭勧告などに関しては、家裁調査官を活用して行う場合が多くみられます。

　具体的な調査活動は、以下のような内容です。

㋐　事実の調査

　面会交流を禁止または制限すべき事情がうかがわれる場合には、当事者双方に主張を裏づける資料の提出を求めたうえ、家裁調査官による調査を行って事実関係を確認します。事案によっては、当事者の調査のほかに、子の調

Ⅰ 家庭裁判所、家裁調査官による面会交流実施のための手続と事例

査や関係機関（学校、幼稚園、保育園、医療機関、児童相談所や社会福祉関係機関等）の調査などが考えられます。

　　(イ)　子の意向および状況の調査

　監護親が、子の意向や状況を理由にして、面会交流の実施を拒否していたり、難色を示している場合には、子の実際の状況や心情、年齢によっては子の意向を家裁調査官が調査することになります。調査結果を踏まえ、面会交流の実施に向け、監護親等に対する心理的調整を行うことが考えられます。

　　(ウ)　試行的面会交流の実施

　裁判所の児童室（家族面接室と呼ぶ庁もあります。単なる面接室ではなく、遊具などを備えた部屋）で、非監護親と子との面会交流を試行し、その結果を監護親が冷静に受け止められるよう助言を行うことが考えられます。または、非監護親と子との交流が長期間途絶えているため、裁判所内での試行を行って、円滑な面会交流の導入を図ったり、子の心情や意向を踏まえて試行を実施するなどの調整的な関与が考えられます。

　　(エ)　双方の主張の整理

　互いに対立し、折り合わない当事者については、個別に家裁調査官が会って、双方の主張や意向を聴取するとともに、行動科学の知見や補助ツール（たとえば、最高裁判所で作成している面会交流についてのDVDやリーフレット）を用いるなどして、面会交流を実施するにあたっての基本的な姿勢や、円滑に行うための留意点などを助言したり、具体的な条件の検討などを行います。また、当事者が情緒的に混乱するなどして調停委員会による事情聴取が難しい場合には、当事者の心理的調整や主張を整理するための意向調査等を行うことが考えられます。

　　(オ)　出頭勧告

　話し合いそのものを拒否し、調停や審問に出席しない当事者に対して、問題解決のために、自主的な手続への参加を促したり、意向調査を行うことが考えられます。

(カ)　調停立会い
　調停は、裁判官を含む調停委員会が行いますが、特に面会交流事件のような子の発達段階に応じた個別事情に配慮した進行が求められる事案の場合には、適時適切に家裁調査官が調査や調整、助言などを行うために調停に立ち会うことが多くみられます。また、調査や調整を行った結果報告のために、調停に家裁調査官が立ち会って、調査結果を口頭で報告したり、調査結果を参考にして、当事者が合理的かつ子の福祉に配慮した解決を行えるよう援助します。

(2)　離婚調停・離婚訴訟の手続の流れと留意点

　離婚調停（夫婦関係調整調停）事件の争点には、離婚、慰謝料、財産分与、離婚までの婚姻費用分担といったものがありますが、夫婦間に未成年の子のある場合には、さらに、親権、養育費、面会交流といった争点が加わることになります。

　離婚調停においても、子にとっての面会交流の重要性という観点から、手続の早期の段階で、調停委員会が面会交流を含む各争点について当事者双方の意向を確認し、面会交流を禁止または制限する事由がない事案においては、早期の面会交流が実施されるよう配慮されています。他方で、離婚調停においては、別途、家事事件手続法別表第2事件としての面会交流事件を申し立てている事案も多くみられます。また、離婚訴訟の係属中でも、親権で対立しつつ、面会交流調停事件を申し立てている事案もあります。

　こうした事件が複数係属している事案は、当事者間の対立が激しく、争点が多岐にわたるため、何を優先して解決を図っていくかが重要となります。

　この点は、調停進行において当事者の意向を早期に確認しつつ、できれば未成年の子のある夫婦においては、面会交流を優先課題として、子と非監護親との面会交流を円滑に実施できるように進行させることが多くみられます。

　ただし、当事者の対立の程度によっては、面会交流の早期実施が困難な場

合もあります。離婚訴訟では、家裁調査官の調整的な関与は手続的に想定されていないこともあるので、調停の段階で、ますます紛争が激化していくということのないように、裁判所および手続代理人を含む当事者が、子の福祉を最優先して調停の進行を考える必要があります。

3 面会交流が円滑に実施できるようにするための配慮

　最近の面会交流事件については、前記2で述べたように、両親が離婚調停中である場合や離婚訴訟中である場合などが増加しています。こうした事案では、両方当事者の対立が激しく、代理人が就いている場合が多くみられます。また、親権そのものが争われていたり、その他婚姻費用分担請求などの経済的給付にまつわる事件などが複数係属する事案も少なくありません。そうした対立の中で、少なからず子は両親の紛争に巻き込まれており、こうした子の心情に配慮し、問題解決を図ることが何よりも重要といえます。そのためには、家庭裁判所の働きかけだけでなく、代理人の当事者への働きかけは極めて重要です。

　以下にこれまで筆者が経験した事案で、代理人との連携で解決に結びついた事例、代理人の連携姿勢によっては、さらによい解決が図れたのではないかと考えられる事例を紹介します。なお、事例については、プライバシー保持の観点から大幅に加工したものであることをお断りします。

> **事例A　代理人の働きかけにより子の心情に配慮した解決を図ることができた事例**
>
> 　離婚訴訟中の夫婦で、子は6歳の女の子である。
> 　当初、母から離婚調停を申し立て、調停での話し合いをしている間は、父と子は定期的に面会交流を行っていたが、何度目かの面会交流の機会に、父は子を父の実家に連れていき、そのまま母からの子の引渡しの要求に応じなかった。そのため、母は、代理人を就けて監護者指定と子の

引渡しの保全処分を申し立てた。これにより、子は母のもとに引き渡された。

離婚訴訟となり、父は代理人を就け、双方の代理人間では、離婚訴訟と並行して面会交流について調整を図っていたが、子が父と会うことを泣いて嫌がるために実施できないとして、父から家庭裁判所に面会交流についての調停が申し立てられた。

家裁調査官は調停に初回から立ち会い、期日間に子の状況や心情把握のために調査を行った。家庭訪問で子の生活状況を確認し、後日、家庭裁判所で子と面接した。子の気持を確認したところ、父が嫌いではないが、父と会うと母と会えなくなるのではないかという不安から父との面会を嫌がっていることがわかった。

調査結果から、父との面会交流によって、母と引き離された経験が子の不安につながっており、母同席の面会から始めるのが望ましいが、母自身が父との直接的な接触が難しい状況にあるため、当面は第三者（親族等）による立会いもしくは第三者機関を利用することが相当との意見を報告した。

当初、父は、母が子に対して父を嫌がるように仕向けていると反論したが、父の代理人が子の不安を払拭して、安心して父と会えるような基盤をつくることが重要だと父を説得したことから、父も調査結果を受け入れた。また、離婚訴訟についても、親権で対立していたが、面会交流が確保されることを受け、調停に付す上申が父の代理人から出され、最終的には離婚も調停で成立した。

この事例では、代理人が、法的解決をめざす代理人の視点だけでなく、子の心情や福祉という観点から当事者に働きかけたことにより、子の心情に配慮した解決を図ることができた。

事例B　試行的面会交流により、調停が成立した事例

　離婚調停中の夫婦で、子は9歳の男の子である。

　母から離婚の申立てがあり、父は母からの申立てに対して、円満調整を申し立て、同時に面会交流も申し立てた。母にのみ代理人が就いていた。

　この事例では、父が離婚に応じないことから、母側は面会交流を全面的に拒否していた。一方、父は、同居中、育児を積極的に担い、父子関係は良好であり、一日も早く面会交流が実現することを強く求めていた。

　双方の主張が平行線であったことから、子の心情を把握すべく家裁調査官の調査への協力を働きかけたが、母の代理人は、父の母に対する暴言等によって子が父のことを恐がり、父に関することを聞かれることで子が精神的に不安定になるとの理由で、調査を拒否した。そのため離婚調停および面会交流の調停が不成立となり、面会交流事件が審判移行したことから、この時点で子の調査を実施することになった。

　子は、母のもとで安定した生活を送っていたものの、父とは突然別れ、すでに1年以上が経過していた。子は、母との生活では父の話題は出せず、父がどうしているか心配しているが、そのことを母に言えないという複雑な心情を語った。また、母と父が顔を合わせると母が嫌な気持になることから、面会については消極的な意見を述べた。こうした子の心情を母および代理人に説明し、その後、家庭裁判所において試行的面会交流を行うことになった。

　試行的面会交流では、父は子の心情に配慮し、現状の生活を詮索することはせず、穏やかに接した。子は、学校も楽しく、元気に暮らしていることを伝えることができ、父との再会を心から喜んでいる様子であった。この試行結果を目の当たりにし、母も父子交流の大切さを実感したようだった。最終的には再度調停に付され、面会交流については月1回

の面会交流を認める内容で成立した。

　この事例では、父子交流が実現したのが、別居から1年以上が経過した後であった。この間の子の心情を考えると、代理人の視点が、夫婦の問題だけでなく、子の福祉の観点に向いていたら子にとってよりよい解決が図れたのではないかと思われた。

事例C　母の意向調査と子の監護状況の調査により、調停が成立した事例

　別居中の夫婦の母からの離婚請求と父からの面会交流の申立てである。子は10歳と8歳の女の子である。

　当初から双方に代理人が就いていた。母の代理人は比較的若く、家庭裁判所の事件に不慣れなのか、調停の初回から代理人のみが出席した。調停委員会としては、当事者から直接事情を聞きたいこと、特に子の状況に関しては、監護者である母から事情聴取を行って、必要であれば子の状況や心情を家裁調査官が調査して、面会交流の調整を行う方針を伝えていたが、その後の調停にも母は出席せず、代理人のみが出席した。父はこの間だけでも約3カ月が経過し、別居時期からすると半年以上も子らと会うことができないことを嘆き、調停進行も行き詰まっていった。

　この事例では、母の2回の欠席を受け、父の母に対する反発や子と離れている寂しさが募り、当初は面会交流さえ確保できれば、親権は譲る姿勢であった父が態度を硬化させるという状況になったため、母の出席のないまま期日間に母の意向調査と子の監護状況の調査を家裁調査官が受命した。

　実際に調査を始めてみると、母は代理人が調停に出席すれば、母は出席しないでもよいとの理解をしており、代理人からもきちんとした説明を受けていなかった。あらためて家裁調査官から手続の説明や、子の状

> 況把握のための調査であること、当事者には子の福祉の視点に立った解決をしてもらいたいことなどを説明したところ、母自身も子のために円満に話し合いで解決したいとの意向であることが判明した。
> 　その後、調査結果を受け、面会交流が実現するとともに、父の怒りや対立姿勢は徐々に軟化していき、最終的には調停で成立することができた。
> 　この事例では、当初から母の代理人が協力姿勢を示してくれていれば、もっと早く面会交流も実現し、父母間の対立も激化せず、子も父母の間に立って、複雑な心理状態で過ごすこともなかったと思われた。

　事例A・B・Cとみてきたように、家庭裁判所の事件、とりわけ子の監護に関する事項についての事件は、できるだけ早い段階で、非監護親と子との面会交流が実施されているか、実施されていないとすれば何が阻害要因となっているのか等について把握したうえで、子の意思を把握し、子の最大の利益を実現するための解決をめざしています。そのためには、当事者の代理人である弁護士の方々にも、この視点に立った当事者への働きかけや支援を期待します。弁護士の方々の態度・姿勢いかんによって、本来なら調停で解決できる事案が、早々に不成立になって審判移行してしまい、当事者間の紛争が激しくなることもあります。逆に早い段階で、代理人が、当事者に子の福祉に立った視点を意識した解決を後押しすることによって、当事者が柔軟に子のための解決をめざすようになることもあります。この点を十分認識していただき、代理人活動を行っていただくことを切望します。

4　面会交流の履行確保における家裁調査官の役割

　家庭裁判所での審判や成立した調停で定められた面会交流に関する義務を義務者が任意に履行しないときは、権利者は、履行勧告の申出（家事事件手続法289条）をすることができます。申出を受けた家庭裁判所は、履行状況

の調査をし、義務者が正当な理由なく不履行状況にあるときには、その義務を履行するよう勧告することになります。履行勧告の申出は、書面のほか口頭や電話によってでも可能です。家庭裁判所は履行勧告の申出を受けると、家裁調査官から義務者に働きかけ、履行を促すことになります。家裁調査官としては、審判もしくは調停で決められた面会交流の取決めについて、どのような事情で実施できないのか、どうすれば円滑に行えるのか等双方の言い分を聞いて調整していきます。

　履行勧告には手続費用はいっさい発生せず、簡便な手続であり、家裁調査官からの働きかけが期待できるメリットはあります。一方、簡便で家裁調査官が調整的にかかわるものの、強制力がなく、金銭的な問題ではないため、勧告に応じない場合は、強制執行はできず、おのずと手続的には限界があります。履行勧告でも効果がない場合は、間接強制等の申立て（民事執行法172条1項）をすることになります。ただし、間接強制といっても、そもそも間接強制が可能な条項となっているかという問題もあり、その効果も心理的な圧迫を加えて自主的な履行を促す手続であるため奏功するとも限りません。むしろ、義務者の態度を硬化させる可能性もあるため、家裁調査官としては、子の発達の程度や意思を尊重した条件整備のために再度の調停申立てを勧めることもあります。

5　おわりに

　平成23年改正民法による民法766条1項における面会交流の民法上の明文化および平成25年1月1日に施行された家事事件手続法により、一般の離婚調停における面会交流の取決めや子の意思把握・考慮規定が設けられました。家庭裁判所としては、子の監護をめぐる事件については、早期に子の意思を把握するとともに、子の最大の利益の実現をめざしています。また、ここでは触れませんでしたが、別居中の面会交流事件だけでなく、再婚家庭も増えており、面会交流事件はますます複雑・困難化しています。

そこで、家事事件手続法においては、当事者の責任を明確にするとともに子の福祉の観点に立ち、家庭裁判所および当事者が、事案に応じた解決に向けて努力していくことが求められており、代理人にもこの点を踏まえた当事者支援を期待します。

（大阪家庭裁判所総括主任調査官　宮﨑裕子）

II 大阪ファミリー相談室における面会交流支援の概要と利用方法

　公益社団法人家庭問題情報センター（通称 FPIC）は、元家庭裁判所調査官を中心に設立され、平成25年に設立20周年を迎えました。FPIC 大阪ファミリー相談室（以下、「当室」といいます）のほか、全国9カ所の事務所で面会交流支援の事業を行っています。

　ここでは、当室の面会交流支援の概要と利用方法および代理人に留意していただきたい点について紹介します。

1 大阪ファミリー相談室の実情と面会交流支援の実施状況

　当室では、平成18年4月に面会交流部を設立し、面会交流支援に取り組んできました。

　当室の面会交流支援は、当事者が自力で面会交流を実行することが難しい場合に限り、有料で行っています。支援期間は原則1年間で、やむを得ない事情がある場合は1回に限り更新ができ、最長でも2年間の「期間限定」の支援です。

　ケースの大半は、家庭裁判所等の調停・審判や訴訟を経たものです。わが国の離婚の約88％を占める協議離婚をした方々の利用は約3年前までは皆無でした。平成23年改正民法施行後でもわずか数件にしかすぎません。

　面会交流支援の受理数は増加の一途で、平成21年から平成25年の各年度末時点で支援進行中のケースは、年度順に28件、61件、70件、88件、103件と急増しています。平成25年度の面会交流支援の実施は延べ550回に及んでいて多忙を極めています。そのうちの約半数は大阪家庭裁判所本庁および支部に係属したケースで、神戸家庭裁判所と京都家庭裁判所がこれに次いでいます。近畿管内の他の家庭裁判所のケースはごく少ないですが、他管内のケースも数件以上あります。また、東北、東京、名古屋、中国・四国等の遠隔地

から面会交流のために継続して来室している非監護親が約10人いて、利用者の分布は年々広域化しています。

2　面会交流支援担当者と学生ボランティアの参加

　支援を担当している当室の会員（以下、「支援者」といいます）は60人前後です。支援者は元裁判官、元裁判所書記官、元家庭裁判所調査官、元・現家事調停委員、一般企業OB等で、原則として会員二人一組になって担当しています。一人で5ケース以上も同時に担当している会員が十数人もいて、負担過剰が深刻になってきています。

　学生ボランティアとは、面会交流支援をサポートする大学生または大学院生の若者たちのことです。平成23年7月から活動を開始し、現在では近畿圏の4大学から計21人の学生が参加しています。支援者の補佐役として親子の遊びや会話に加わって場を盛り上げてくれています。平成25年度に学生ボランティアが関与した面会交流は延べ141回でした。

3　面会交流支援申込みの受付

　当室の執務時間は平日の午前10時から午後5時までです。この時間帯にまず電話で申し込んでいただきますと、当番の会員が申込者の氏名、連絡先、住所、子の氏名と年齢、調停等が係属した家庭裁判所名を聴取し、①面会交流の頻度、②当室の利用、③費用負担の3点についての当事者間の合意の有無とその内容および家庭裁判所や代理人の事務所等で試行的面会交流が行われたかどうかについても確認します。

　申込みを受け付ける条件は、合意が成立していること、すなわち面会交流の調停等が成立していること、または審判等が確定していること、当事者間で任意に合意書が作成されていることです。合意成立前でも、当室のプレイルーム等の見学と面会交流支援のリーフレットの交付を申し込むことができます。話し合いの初期段階で申込みをしてくる方々には、もう少し話が煮詰

まってから再度申込みをするように説明しています。以前は合意成立前であっても近日中に合意が成立する見込みのある場合は、面会交流支援の申込みを受け付けていましたが、件数の急増で負担過剰になり、やむを得ず平成26年10月から前記のとおりに変更しました。

　協議離婚の場合は、以前は公正証書の提出を求めていましたが、平成23年改正後は簡便化して、当事者双方の合意書があれば受け付けることにしました。合意書のひな型を当室に備え付けています。

4　事前面接と面会交流支援の受理

(1)　事前面接

　申込みを受け付けると、必ず当事者双方に別々の日時に当室で事前面接を受けていただきます。日時はできるだけ当事者の希望に沿うようにしていますが、土曜日・日曜日は面会交流の実施で混み合いますので、できれば平日にお願いしています。代理人が事前面接に同席されることも少なくありません。特例として、非監護親が遠隔地に居住している場合には、監護親の事前面接だけ先に済ませておいて、初回面会交流日当日の面会交流開始前の時間帯に非監護親の事前面接を行う等の便宜も図っています。

　事前面接では、当事者双方に前記3①～③の3点の合意の内容を確認し、調停調書等の写しの提出をお願いしています。面会交流の際の具体的な要望等の確認も行います。たとえば、住所・連絡先秘匿の要否、当事者双方の対面の可否、緊急時の連絡方法等です。

　さらに、面会交流の際のプレゼント、飲食物の提供、子と祖父母との面会、親族との携帯電話等による通話についても当事者双方の意向を確認します。これらは、監護親の同意があれば認めることにしています。

　面会交流中の写真撮影は、離婚訴訟や調停等が係属中の場合は全面禁止にしています。そうでない場合は、監護親と子の同意があれば、数枚程度の撮影を認めています。以前は祖父母との面会と親族等との通話は全面禁止にし

ていましたが、平成24年から監護親の同意を前提に認めることに改めました。過去の事例をみると、些細なことでも約束違反があると必ずトラブルが生じて、面会交流そのものに支障が出ることが多くなりますので、当事者双方に約束ごとの厳守をお願いしています。

　面会交流を行う際の基本姿勢や当室のルールを当事者双方に説明して、理解を求めることも重要です。DVの訴えがある場合や子の発達状況に問題がある場合は、面会交流の際に配慮が必要ですので、実情を丁寧に聴取します。また、最長でも2年以内に自力で面会交流が実施できるように努力していただくこともきちんと説明して、当事者が当室に過度に依存的にならないように配慮しています。

　事前面接料として、当事者それぞれから5000円いただきます。

(2) 面会交流支援の受理

　事前面接の結果により、当室が面会交流支援を受理するかどうかを決めます。以前は不受理が約20％ありましたが、現在、受理基準を見直し、高葛藤のケースで多少の困難が予想されても受理することに改めました。たとえば、調停や審判で決まった面会交流の程度や方法が当室のルールに合わない場合は、当室のルールに照らして「支援の枠組み」を見直し、当室と当事者の間で新たに合意書を取り交わしたうえで受理することもあります。

　最後にもう一度、当事者双方に当室利用の意思を確認して、申込書を提出していただきます。申込書にあわせて申込金1万円を納めていただきます。

　続いて、初回面会交流日と時間帯を決め、ケースの支援者を選定します。最近では、会員の負担軽減のために、ケースによっては支援者一人が学生ボランティアと組んで支援を担当することもあります。

5　面会交流支援の種類

　面会交流支援には、①付添い型、②受渡し型の2種類があります。以前は、場所提供型や連絡調整型がありましたが、需要が少ないので平成23年に

この2種類に整理しました。

(1) 付添い型

付添い型は、支援者が付き添って当室のプレイルームや当室外（公園、施設等）で面会交流を実施します。

当室で実施する場合は、親子だけで過ごしていただく時間を多く確保するために、できるだけ支援者はプレイルームに入室せず、室内に設置している「見守りカメラ」（モニター）の映像を通じて、事務室から面会交流の様子を観察することもあります。気になることがあれば、入室して適時に支援をすることはいうまでもありません。監視カメラと誤解している当事者には、子の安全を確認するための「見守りカメラ」であることを説明して理解を得ています。

付添い型の特例として試行型があります。試行型で受理するのは、調停や審判で面会交流が決まっていても監護親の協力を得られないことが予想されたり、子が面会交流に応じるかどうか不安があるケースが多いようです。試行型は2回を限度にプレイルームで行います。そして、その結果により、当室で正式に面会交流支援を受理するかどうかを判断します。

付添い型の面会交流時間は2時間以内です。支援料は当事者合計で1回につき1万円ですが、子の人数等の事情で多少料金が加算されることがあります。また、当室外で面会交流を実施する場合は、支援者の交通費や施設入園・入館料等の実費は原則として当事者に負担していただくことになっています。

(2) 受渡し型

受渡し型は、面会交流の始めと終わりに子の受渡しだけを行う支援です。面会交流の時間と場所は当事者の合意で決めていただき、面会交流に支援者は付き添いません。初回の受渡しは原則として当室で行いますが、2回目以降は現地での受渡しも可能です。ただし、当室の執務時間内で、かつ比較的近距離の場所での受渡しが原則です。

受渡し型の面会交流時間は 2 時間を超えても差し支えありません。支援料は、当事者合計で 1 回（始めと終わり）につき5000円ですが、支援者が受渡場所まで出向くための交通費は原則として当事者に負担していただきます。

(3) 付添い型から受渡し型への移行

最初から受渡し型で受理するケースもありますが、面会交流を重ねている間に付添い型から受渡し型に移行するケースが次第に増加しています。受渡し型は自力の面会交流が実施できるステップになりますので、付添い型から受渡し型に移行できるように、普段から当事者に働きかけをしています。

6　面会交流の頻度・回数

諸般の事情で、当室の面会交流支援は月 1 回が限度です。当室で支援進行中のケースは、月 1 回程度の頻度のケースが約半数を占め、続いて 2 カ月に 1 回、3 カ月または 4 カ月に 1 回程度の順になっています。年 2 回や年 1 回のケースも数件あります。

当室では、できる限り、調停等で決まった頻度に則して面会交流を実施していますが、子の都合やプレイルームの予約状況等により、必ずしもそのとおりに実施できないことがあります。子の急病や学校行事等の都合で、予定していた面会交流日が延期になることはよくあることです。調停で決まったとおりに実行できないことに立腹したり、苛立つ非監護親は少なくありません。そのような場合は、硬直的にならず、柔軟に対応できる心の余裕をもつことと、何よりも子が最優先であることを理解していただくようにしています。

なお、当室では、子の急病等やむを得ない事情によるキャンセルでない限り、原則として面会交流の振替え実施はしていません。

7　当室で面会交流をしている子の年齢等

現在、1 歳～13歳までの子が当室で面会交流をしていますが、そのうち 4

歳～9歳までの子が約80％を占めています。0歳児も受け入れる方針ですが、皆無です。10歳以上の子は約13％で、それほど多くはありません。

　中には、初回面会交流のときに監護親にしがみついて離れなかったり、非監護親との対面に困惑したり、泣き出したり、攻撃的になる子もいますが、時間をかけて導入すれば、ほとんどの子は非監護親と楽しく遊べるようになり、よい関係を築くことができます。しかし、学齢期以上になると、監護親への忠誠や一方的に非監護親を拒否する片親疎外（PA）が顕著になって、面会交流が難航することもあります。

8　面会交流の曜日・場所等

　面会交流は土曜日・日曜日に集中しています。特に日曜日は常に6ケース～7ケース（最多は12ケース）が実施されます。当室には、プレイルームAとプレイルームBの2室がありますが、どちらも事務室に隣接していて、見守りカメラの設備があり、各種絵本、玩具、遊具等を備えていて明るい雰囲気の部屋です。プレイルームAは4、5歳までの乳幼児の面会交流に適した部屋です。プレイルームBは比較的に広い部屋で、乳幼児を含め学齢期の子に利用していただいており、ルームシュアで2組の親子に面会交流をしていただくこともしばしばあります。

　面会交流中に監護親が待機する待合室が2室しかないので、他の監護親と相部屋になることもあります。

　1年間の支援の更新後は、原則として当室外（公園、施設等）で面会交流を行っていますが、更新前であっても、できるだけ当室外での面会交流を励行して部屋不足を補っています（後記10参照）。

　当室が入居しているビルの屋上広場でボール遊び、縄跳び、自転車遊び等をすることもできます。体を動かすことが好きな子に向いていて、楽しそうにキャッチボール等をしている親子の姿をよく見かけます。室内でのボール遊び等は禁止されていますので、屋上は格好のプレイランドとなり人気があ

ります。学生ボランティアがここでもよく活躍してくれています。

9　面会交流の時間帯

　プレイルームの利用時間帯を、①午前10時～正午、②午後０時45分～午後２時45分、③午後３時～午後５時の３クールに分けて運用しています。

　原則として、初回面会交流日と時間帯は、事前面接者が当事者双方の都合を聞いて決めますが、２回目以降は、当日の面会交流終了までに支援者が当事者双方の都合とプレイルーム利用の予約状況等を確認したうえで、面会交流日と時間帯を決めています。決まった日時を記入した「連絡票」を当事者双方に手交して、間違いのないようにしています。

　当室外（公園、施設等）で付添い型の面会交流を行う場合も、原則として上記の時間帯に２時間以内で実施していただきます。受渡し型の場合は２時間を超えても差し支えありません。受渡しの時刻も柔軟に対応できます。

10　面会交流支援費用の分担と減免制度

　面会交流支援は子育て支援の一環と考えています。子の福祉への配慮として、原則的に生活保護受給中の当事者に対しては、申込金および支援料の減額（半額）を行っています。事前面接料は減額の対象になりません。減額の期間は受理から１年間限りで、更新後は通常料金を負担していただくことになります。減額を希望する当事者には、申請書と生活保護受給中であることの証明書を提出していただきます。具体的な手続は、別途当室までお問い合わせください。

　なお、面会交流は当事者双方の共同作業ですので、当室の費用は当事者双方が応分に分担していただくことが望ましいと考えています。以前は、非監護親が全額負担することが多かったですが、最近は、当事者双方で折半して分担するケースが増加しています。

11　来室、退室時の配慮と子への対応

　監護親と非監護親の来室時間に15分程度の差をつけています。通常は、監護親が子を連れて先に来室しますが、中には、非監護親との鉢合わせをおそれて、非監護親の来室を支援者に電話等で確認した後に来室する監護親もいます。面会交流終了後は、監護親と子が先に退室し、時間差をつけて非監護親に退室してもらいます。

　通常の場合、支援者は先に子をプレイルームに誘導してウォーミングアップをします。これは子の主体性を確立するためで、子がプレイルームに馴染んだ段階で非監護親に入室してもらって面会交流が始まります。支援者は折をみてプレイルームから退室し、事務所から見守りカメラで観察します。

　特に初回面会交流日は、子は大変不安な気持で来室します。支援者は子が安心して面会交流ができるように配慮しなければなりません。まずは、「〇〇ちゃん、こんにちは。よく来てくれたね」などと挨拶をして、来室を労います。支援者自身の自己紹介に続いて、非監護親は〇〇ちゃんが大好きで、いっしょに遊びたいと願っていること、ここは安心して気兼ねなく非監護親と遊んでよい場所であること、私たちが全面的にサポートすること等を、子の発達に合わせてわかりやすい言葉で直接伝えています。面会交流の主役である子と支援者の最初の出会い方が、面会交流の質に大きく影響すると考えています。

12　監護親の面会交流への同席

　面会交流中、監護親は待合室で待機するか、外出して時間を過ごしています。ほとんどの監護親（母親が多い）は非監護親と顔を合わせることを拒みますが、当室では面会交流の場に監護親が随時加わることも認めています。監視役として同室することは論外ですが、面会交流の開始時または終了時にプレイルームに入室して、少しでも顔を見せることや非監護親と若干の言葉

を交わすことは望ましいことと考えています。このことは当事者間の心理的距離が遠ざかりすぎることを避け、非監護親と顔を合わせたくないという監護親の拒否感情を緩和する効果もあります。いずれ当事者双方が協力して自力で面会交流を実施しなければならないわけですから、「顔を合わせたくない」関係からできるだけ早期に抜け出してもらうためにも、この対応を肯定的に考えています。極端なDVケースは別にしても、顔を合わせたくない監護親に親身になりすぎるのは、支援からの自立を困難にすると考えています。

13　面会交流の基本姿勢

　事前面接者や支援者が折に触れて、当事者に伝えている基本姿勢は、おおむね次のようなことです。

① 　面会交流の場面に当事者間の紛争を持ち込まない
② 　面会交流に関する要望は必ず支援者を通す
③ 　面会交流中は支援者の指示に従う
④ 　当事者双方は子の心身の安全に最大限の配慮をする
⑤ 　子の都合を優先して面会交流の日程を調整する
⑥ 　誕生日やクリスマス以外のプレゼントはなるべく控える
⑦ 　父母からの一方的な面会交流の終結を厳禁する
⑧ 　子の前で涙を見せたり、感情的にならない
⑨ 　普段から子の前で相手親の悪口を言わない
⑩ 　非監護親は、子に現在の生活のことや監護親のことを根掘り葉掘り聞かない
⑪ 　監護親は、「いつでも非監護親に会っていいよ」と開かれた態度で子と接する

　そのほかにも、ケース・バイ・ケースで適時に必要なアドバイスをしています。

14　監護親への働きかけ

　面会交流が円滑に進むように支援する一方で、待合室で待機中の監護親との面接やカウンセリング的な対応も行っています。離婚後間もない監護親の多くは、破綻した結婚生活への後悔や非監護親への怒りがぶり返してきます。自己嫌悪や自尊感情の低下、不安や苛立ちがみられ、心の傷はなかなか癒えません。回復には数年かかるといわれていますが、そのような監護親に、2年後には自立してもらいたいといっているのですから、かなり無理はありますが、それでも何とか打開策はないものかと支援者は模索を続けています。

　支援者が直面している大きな課題は、元夫に顔を合わせたくないという元妻が90％くらいいることです。元夫が元妻と顔を合わせることを拒むケースがほとんどいないのと対照的です。前述のとおり、監護親が非監護親と少しだけでも「会って話す」ことの重要性は、修復的司法やADR同席調停からも学びました。このような監護親に「顔を合わせる」「同じ空気を吸う」ことができるようになってもらうために、支援者はさまざまな試みをしています。たとえば、面会交流中に、折をみて「ちょっと挨拶だけでもしてみませんか」と呼びかけたり、次回面会交流の日程調整の際に「いっしょに相談しましょう」と誘導して、少しでも慣れてもらうように働きかけています。

　行動療法や認知行動療法的アプローチが功を奏して自力の面会交流の実現につながったケースや、描画療法を用いてうまく行ったケースもあります。アダルト・チルドレン（AC）の治療をめざして考案されたリプロセス・リトリートの技法を援用したアプローチも試みていますが、まだまだ道は遠いと考えています。

15　非監護親への働きかけ

　面会交流が終わると、通常、先に子と監護親に退室していただきます。そ

の後、支援者は、たとえ短時間であっても、非監護親と振り返りの面接をしています。非監護親から子との交流の様子や感想等を聞き、必要なサポートをして次回の面会交流につなげるようにしています。

多くの非監護親は、面会交流の回数を重ねてくると、自分の子に会うのに料金がかかるのは納得できない、なぜ時間や場所を制限されないといけないのかなどと不満を抱き、監護親を責める言葉を口にすることも少なくありません。そして、支援者に面会交流の回数や時間を増やしてほしい、早く外で自由に会いたい、もっと監護親を説得してほしいなどと先を急ぐような要求をすることもよくあります。

このような非監護親への対応に苦慮することもありますが、非監護親の心情を受け止めたうえで、子に合わせて焦らずにゆっくりとしたペースで長く面会交流を続けることが一番望ましいと説明して、理解を得るように心がけています。

16 代理人へのお願い

当室利用者の急増で、面会交流支援事業はパンク寸前の状態です。調停等では、まず当事者が自分たちの力で面会交流を実施する方法を探っていただき、そのうえで、どうしても自力での実施が困難な場合に限り、期間限定で当室の利用を検討してください。

ここでは、面会交流の実現のために代理人に留意していただきたい事項をいくつかご紹介いたします。

(1) 当事者への教示・働きかけ

監護者の中には、面会交流の頻度をできるだけ少なくしようと画策する方がいます。面会交流は、子の健全な人格形成に必要なこと、面会交流に応じるのは親の責務であること、子が主役であることを当事者にきちんと教示していただきたいと思います。

また、最近の特徴として、監護親が住所の秘匿を希望したり、面会交流に

非協力的なケース、子が面会交流を渋るケースが増加傾向にあります。このような対応が難しいケースは、代理人の当事者への働きかけに期待しなければ、面会交流が実現しないことも多くなっています。代理人は当事者を変えるキーパーソンです。支援者は非協力的な監護親の対応に苦慮していますが、監護親に忠誠を示そうとする子への対応にも困難を感じています。片親疎外（PA）と呼ばれて理由もなく一方的に非監護親を嫌う子は何人もいます。たとえば、審判で決められ、監護親がやむなく面会交流に応じたものの、子は面会交流中に非監護親と一度も目を合わせず、口も聞かなかったケースもありました。このような子に親を客観視できるように働きかけることは大変難しいことです。子を窮地に追い込んでいる親への直接的な働きかけがまず必要ですが、代理人から当事者への働きかけが何にも増して重要と考えています。当事者が信頼を寄せている代理人の一言で、当事者の対応が変わるケースを私たちは数多く見てきました。

(2) 柔軟な調停条項の作成

面会交流を実施する曜日や時間を特定した調停条項が目につきますが、もう少し柔軟な決め方をしていただいたほうが対応しやすいと思います。たとえば、特定された日時に面会交流を実施しようとしても、プレイルーム利用の先約があれば、そのとおりに実施できないことも少なくありません。

(3) 当事者と支援者の間の連絡・調整

調停等が終局した後、当室での面会交流が軌道に乗るまでの期間は、代理人に、当事者と支援者の間の連絡役または調整役をお願いできるとありがたいです。当事者は紛争が終局してほっとしている半面、これから始まる面会交流に大きな不安を抱いていますので、しばらくの間のアフター・ケアをお願いしたいと思います。

(4) 利用の案内

当室の面会交流支援事業をホームページ〈http://www2.gol.com/users/ip0607218572/〉で紹介しています。また、「面会交流のご案内〈届けよう！

親の愛〉」というリーフレットも準備していますのでご利用ください。

　最後になりましたが、当室の面会交流支援に関して質問や相談がありましたら、遠慮なく当室にお問い合わせください。

　代理人に面会交流の推進者になっていただくことを期待しています。

（大阪ファミリー相談室　面会交流部）

※　大阪以外にも、東京、名古屋、福岡、千葉、宇都宮、広島、松江、横浜、新潟に相談室があります。所在地等については、公益社団法人家庭問題情報センターのホームページをご覧下さい。

III その他の支援団体と公的支援

1 民間団体による面会交流支援

本章IIで紹介した公益社団法人家庭問題情報センター（通称FPIC）のほかにも、規模や活動内容はさまざまですが、面会交流を支援する民間団体が全国に存在しており、当事者のニーズに対応してその活動は広がりをみせています。

以下にいくつかの団体を紹介します。

（平成27年2月現在）

団体名	地域	概要
Vi-Project （ビー・プロジェクト）	大阪市	NPO法人FLC安心とつながりのコミュニティづくりネットワーク内に平成16年5月に勉強会グループとして設立され、平成19年11月に事業開始。子の気持や成育に添った面会交流を、面会のコーディネート（調整）や子の送迎を中心に支援している（※）。
一般社団法人びじっと・離婚と子ども問題支援センター	横浜市	離婚を経験した子と別居親との面会交流を、連絡調整型、受渡し型、付添い型の三つの類型で支援している。
NPO法人Wink	東京都 静岡市	ひとり親家庭、再婚家庭をはじめとした家庭内の環境・問題による悩みを抱える親子に対して、双方のメンタルケアと教育事業を行っている団体。東京、神奈川、千葉、静岡で面会交流支援サービスも行っている。
一般社団法人チャンス	名古屋市	子の最善の利益を実現するために、離婚・別居を機に新たな親子関係を構築することを目的としたさまざまな活動を行っている。毎月1回、お出かけプロジェクトを実施し、面会交流の場を提供している。
NPO法人あったかハウス	名古屋市	家庭裁判所の元調査官や調停委員、家庭問題の専門家が、離婚問題に悩む両親や子の相談やカウンセリングを行うとともに、ショッピングモールを利用して受渡し型の面会交流を支援している。

※具体的な活動内容や方針は、二宮周平＝渡辺惺之編著『離婚紛争の合意による解決と子の意思の尊重』148頁以下参照。

2　国による施策

(1)　東京都などの自治体による面会交流支援事業

　平成23年改正民法により、「子の監護について必要な事項」(同法766条1項)として面会交流が明文化されたことから、厚生労働省は、自治体が実施する「母子家庭等就業・自立支援センター事業」の一つとして、面会交流支援事業を行うこととし、具体的には、面会交流の取決めがあり、父母間で合意がある児童扶養手当受給者等を対象に、面会交流支援のための活動費の補助を行うこととなりました。

　そこで、全国に先立ち、東京都が、「東京都ひとり親家庭支援センターはあと」を設立し、平成24年5月から面会交流支援事業を始めました。その後、千葉県や熊本県などでも、同事業が実施されるようになりました。

(ア)　支援の具体的内容

　支援の実施にあたっては、さまざまな専門的な知識経験が求められますので、母子寡婦福祉連合会等の母子福祉団体やNPO法人に委託する方式が予定されており、東京都や千葉県ではFPICに委託のうえ実施されています。

　具体的な支援の内容としては、事前相談を実施して当事者間の合意のもとで面会交流支援計画書を作成し、支援員が支援計画に基づいて子の受渡しや面会交流場所に付き添うなどの援助を行っています。また、父母が連絡をとり合うことが困難なケースでは、連絡調整も行っています。

(イ)　現状と課題

　しかし、支援事業を開始したいずれの自治体も、実施件数が伸び悩んでおり、支援を実施する都道府県・市町村等も少数にとどまっているのが現状です。

　これは、支援の条件として、監護親・非監護親ともに所得制限(監護親が児童扶養手当の支給を受けており、かつ非監護親が児童扶養手当を受けている者と同様の所得水準にあること。または、監護親および非監護親とも児童扶養手当

の支給を受けている者と同様の所得水準にあること）があり、かつ、監護親と非監護親との間で面会交流に関する取決めがあり、この事業の支援を受けることについて同意があることが求められるため、支援の条件を満たす対象者が少ないことに起因していると考えられます。また、個別の支援を実施できる専門家の絶対数が少ないことも課題となっています。

支援事業が全国的に拡大し、より利用しやすい事業となるためには、個別支援が可能な専門家の育成・確保とともに、利用者の条件緩和など、事業そのものの改善も必要です。

(2) 明石市による「こども養育支援」

明石市では、平成26年4月から、未成年の子をもつ夫婦が離婚や別居を検討する際に、養育費と面会交流を話し合って取り決めるなど、子の視点に立った離婚協議を支援するための「こども養育支援ネットワーク」の運用を開始しています。「こどもの養育に関する合意書」などの参考書式を離婚届の交付時にいっしょに配布して合意を促進するとともに、FPICの相談員による相談を明石市役所で月1回実施し、さらに日本司法支援センター（法テラス）や公証役場などの関係機関との連携により、面会交流に関する合意形成を支援する事業を始めています。

また、親子交流サポート事業の一環として、市立天文科学館を面会交流場所に提供し、イベントなどの際における優先予約や親の入館料の無料化なども実施され、さらに今後は、離婚や別居の際における子の心理を専門的な立場から親に伝えるための離婚前講座（こども養育ガイダンス）なども、実施に向けて準備が進められています。

3　今後の課題

子の成長発達のためには、適切かつ円滑に面会交流が実施されることは非常に重要です。そのためには、面会交流の合意が適切になされるよう支援するとともに、合意に基づく面会交流が円満に継続して実施されるよう支援す

ることが不可欠です。国による面会交流支援事業が実効性のあるものとなるよう早急に改善を求めるとともに、自治体や民間の面会交流支援団体が相互に連携し活動を拡充することによって、日本のどこで生活をしていても円滑な面会交流の実現が支援される環境を整備することが極めて重大な課題です。

(片山登志子)

第4章

ハーグ子奪取条約・実施法と「子の引渡し」

I　はじめに

「国際的な子の奪取の民事上の側面に関する条約」(以下、「ハーグ子奪取条約」または単に「条約」といいます)は、ハーグ国際私法会議(Hague Conference on Private International Law：HCCH)において1980年10月25日に採択されたもので、2014年1月現在、91カ国がこの条約に加盟しています。本条約は、不法な子の連れ去りまたは留置に対し、子の常居所地国へ子を迅速に返還する手続と面会交流を確保する手続を国家に求めるものであり、わが国では第183回通常国会で2013年6月12日に批准されて、その実施に関する法律案が採択され、2014年4月に、「国際的な子の奪取の民事上の側面に関する条約の実施に関する法律」(平成25年法律第48号。以下、「実施法」といいます)が施行されました。実施法では主に、外務省が担当する中央当局の任務と、家庭裁判所による子の返還命令手続が制定されました。

これまで、日本の未加盟に対して、諸外国政府から頻繁に条約締結の要請がなされていたことが、マスコミでもしばしば報道されてきました[1]。このように国家間の外交問題ととらえられているという状況が、まさに本条約の特徴です。子の監護という家族の問題になぜ国家がこれほど積極的に関与するのかということが、従来の日本には理解不能だったかもしれません。しかし、子の問題はもはや私的な家族だけの問題ではないという考えは、今日では西欧諸国で理解され受け入れられています。欧米に限らず、世界中で家族法改正が行われている昨今、その特徴は、「法は家庭に入らず」ではなく、法がいかに介入し家族や子を保護し、各家族構成員の権利を尊重していくかがめざされています。ここでは、そのような理念を受けて成立した条約とわが国での実施法の内容を概観し、今後の日本の家族法実務の対応について検討していきます。

1　条約締結を求める国際的な要請について、加地良太「深刻化する国際的な子の連れ去り問題とハーグ条約」立法と調査326号(2012)58頁・63頁以下。

II　ハーグ子奪取条約の特徴

1　国家と家族の関係

　ハーグ子奪取条約は、必ずしも締約国の法制度に変更を迫るものではありませんが、国家と家族という考え方の枠組みについては、日本には大きなインパクトを与えるものと思われます。従来、子の監護権の問題に謙抑的であったわが国の司法の姿勢が今日では若干緩和されているものの、本条約は根本から考え方が異なります。

　子の奪い合い紛争は、国内でも困難かつ事件数の多い問題として認識されています。現在、子の監護権紛争において、父母間で別居中か離婚後かにより手続が異なることは、最判平成5・10・19民集47巻8号5099頁によりその筋道が明らかにされたことに始まります。そこで最高裁判所は、夫婦間の子の奪取事件には原則として人身保護法（昭和23年法律第199号）の適用はないとし、その理由として、夫婦が共同で親権を行使している場合には、一方の親による子の監護・拘束は親権に基づき特段の事情のない限り適法としたのです。これに対しこの条約は、まさに共同親権中に一方の親が子を連れ去ることを「不法（wrongful）」とし、これに対し、国家（ここでは裁判所のみならず行政も含まれます）が、子の迅速な返還を確保することを目的としているのです。すなわち、共同親権中の家族に子の奪取を契機として法が入り込むことを許しているのであり、この積極的な法の介入を受容することが、この条約を理解するうえで必要なことです。

2　日本国内事件の手続との相違

　共同親権中の父母間で子の奪取が発生した場合、日本では、家事審判による監護者指定の手続により、子の引渡しの請求が可能ですが、そこでは基本的に子の利益判断が行われ、条約が求めるような、単に子を元の場所に返還

するという手続ではありません。人身保護事件である前掲最判平成5・10・19は、補足意見で、子の監護権をめぐる紛争は、家庭裁判所の専属的守備範囲であることを述べましたが、では家事手続で子の返還が可能となるのでしょうか。子が奪取された後、親は子の引渡請求とともに審判前の保全処分を求めますが、これは本案が認容される蓋然性がなければならないとされており、子の引渡保全処分は緊急性と終局性の調和が必要とされながらも、終局性を重視する考えが一般的です。その中でも、東京高決平成20・12・18家月61巻7号59頁は、別居夫婦間で子の奪取が起きた場合、その保全処分において、違法行為の結果の既成事実化を求める実力による子の奪い合いを防止するために原状回復を認め、その後の監護者指定事件において子の利益に従った審理を尽くすとして子の引渡しを判断しました。しかし、その後、東京高等裁判所は、強制的な奪取や虐待等の危険性がない場合は、本案の審判の確定を待たずに仮の監護親を指定すると、そのつど未成年者の引渡しの強制執行がされて未成年者の福祉に反するとして、審判前の保全処分として子の引渡しを否定しています。[2]

保全処分の判断には、本案の審判において認容される蓋然性が必要であるということが日本の家事審判手続の原則であり、そのことにより緊急の子の引渡しはまずは認められないという判断しか導かれないとするならば、わが国には結局は条約が求める手続は存在していないということになります。そこで今回、条約の批准に伴い、子の返還命令のための手続が新設される必要があったわけです。

---

[2] 東京高決平成24・10・18判時2164号55頁、判タ1383号327頁。

Ⅲ　監護権の意味

　条約および実施法は、連れ去られた親に、「監護の権利」があることを、要件としています。条約は締約国に、国境を越えた子の不法な連れ去りと留置に対し、子を常居所地国へ返還させる手続を定めることを求めるものですが、この場合、不法とは、「監護の権利を有する者の当該権利を侵害する」ことであり、連れ去りの時に当該権利が現実に行使されていたもの、または、することができたと認められるものとしています（実施法2条6号）。
　条約原文では"custody"となっており、わが国では一般に監護権と訳されていますが、日本民法では監護権という権利は独自には存在しません。条約のいう監護権は、「子の監護（care）に関する権利、特に、子の居所を決定する権利を含む」（条約5条a項）と規定されていますので、これは親権の一内容である身上監護権にあたるものでしょう。しかし、民法766条は離婚時に親権と分離して他方親に監護が分属することを認め、判例実務では別居時に一方親に監護者を指定したり、必要な場合に第三者を監護者に指定することを認めていますので、このような場合に、親権者および監護者にいかなる権利があるのかということが問題となり、これまでの民法上の学説の議論と同様の争いを生じさせることになります（この点は、本章Ⅴ2で検討してい

---

[3] custodyという用語を用いるアメリカでも、その内容は日本の親権の内容に近く、一般に婚姻外では法的共同監護（joint legal custody）において親の権利義務を有し、身上共同監護（joint physical custody）として双方が子の養育を行うという制度にしています。ほかにいわゆる親権にあたる用語として、ドイツでは親の配慮（elterliche sorge）、フランスでは親権（autorité parentale）、イギリスでは親責任（parental responsibility）としており、その内容は国により異なります。条文のcustodyを「監護権」と翻訳することにより、日本の「監護権」と同意義ではないことに注意が必要です。各国の親権については、床谷文雄＝本山敦編『親権法の比較研究』（日本評論社、2014）参照。

[4] 本条約は個人だけではなく施設または他の機関の監護権を侵害する場合も妥当する（条約3条a項）としていることから、民法766条により指定される第三者の監護権の範囲もあわせて問題となるところです。

Ⅲ　監護権の意味

くことにします）。なお、実施法には、監護権についての定義は書かれていません。

　さらに、本条約の最も重要な点は、子の監護者についての決定は行わないということです。子の利益が最も重要であることを確信し、子を常居所地へ返還することを求めているだけであり、本案の決定を行わない（条約19条）のが、本条約の特徴です。

5　監護者の権限には、①子の世話のみであり教育は含まれないとする監護説、②教育も含まれる監護教育説、③親権の一内容である身上監護権をもつ説がありますが、③が通説とされています。中村恵「わが国における親権法をめぐる現状」民商136巻4・5号（2007）441頁。しかし、後でみていくように、親権者には身上監護権が全く残されていないかについては議論のあるところです。

Ⅳ　外国返還援助──インカミング・ケース

1　概　要

　子が日本国へ連れ去りをされ、留置されている場合、常居所地締約国の法令で監護権を有している者は、日本国からの子の返還の援助を日本の外務大臣へ申請することができます（実施法4条）。すなわち、外国に居住している日本人が、他方親に無断で子を連れて日本へ戻ってくるという場合がインカミング・ケースにあたり、この例がこれまでにも最も多く現れており、条約締結後に主に問題になる例としてよく用いられてきました。実際、国際結婚のパターンでは、日本国内での国際結婚の数が、外国での国際結婚の数の約3.5倍ありますが[6]、国外へ子を連れ去るのは、子の主たる監護者である母親であることが多く[7]、日本で締結前に特に問題とされた例は、日本人妻が常居所地国の外国から無断で子を連れて帰国するというケースで、特にアメリカからの連れ去りは全体の5割近くを占めていました。今日、締約国の多くは離婚後も共同監護としており、多くの場合残された親にも監護権があるため、返還の請求がなされるものと思われます。

2　返還手続

　返還の手続は、日本では東京家庭裁判所と大阪家庭裁判所が行うこととなり、実施法で子の返還命令のための非訟手続が新設されました。本条約は子

---

[6]　岡野正敏「国境を越える子の奪取をめぐる問題の現状と課題」国際109巻1号（2010）35頁。

[7]　条約制定時は、非監護親からの連れ去りに対処するためのものでしたが、調査によると、事案の7割は主たる監護親である母親からの連れ去りであるとされています（Nigel Lowe, A Statistical Analysis of Applications made in 2008 Under the Hague Convention of 25 October 1980 on the Civil Aspects of International Child Abduction Part I-Global Report〈http://www.hcch.net/upload/wop/abduct2011pd08ae.pdf〉参照）。

の返還のみを求め、子の監護者決定における子の利益判断をしないことが目的であるため、例外を大きく認めることは本条約の趣旨にかないませんが、[8]実施法28条は子の返還拒否事由を条約13条を踏まえ、次のように掲げています。その要件は、①1年以上前の連れ去り、②現実の監護権の不行使、③申立人の同意、④子への重大な危険、⑤子の異議、⑥返還が人権および基本的自由の保障に反するときであり、これらのとき裁判所は返還を拒否できるとしています。条約批准にあたり国内で問題とされてきたのが、DVを理由とした子連れ帰国についてでした。条約およびこれまでの締約国間の事件では、子に対する害悪や重大な危険（条約13条1項b号）が対象であり、配偶者間のDVは審理の対象とならないとする原則がありますが、[9]実施法は28条2項で「その他一切の事情を考慮する」とし、子に対する身体的暴力や心身への悪影響を及ぼす言動に加え、「相手方が申立人から子に心理的外傷を与えることとなる暴力等を受けるおそれ」（同項2号）をあげて、間接的な子へのDVの被害を返還拒否事由に認めています。

　子の意見については、子の陳述の聴取、家庭裁判所調査官による調査が行われることとされているとともに（実施法88条）、手続に子の参加も認められています（同法48条）。さらに裁判長は、申立てまたは職権により子に弁護士を手続代理人に選任することができるとしています（同法51条）。子の代理人については国内法（家事事件手続法23条）でも認められており、その任務は子の利益の代理か子の意思の代理かで議論されるところですが、まず重要なことは、大人の争いに巻き込まれている子に対し、子のおかれている状況について子に十分な説明を行うことです。それが、子の手続上の権利を保護するという趣旨に沿う考え方です。なお、これまでの締約国の判例では、[10]

---

[8] 大谷美紀子「子の連れ去りに関するハーグ条約——国際人権法の視点から」法時83巻12号（2011）36頁以下参照。

[9] 渡辺惺之「国際的な子の奪取の民事面に関する条約の批准をめぐる検討問題(上)」戸時674号（2011）31頁。

単に留置先の所在国にいたいという希望だけでは足りず、常居所地国への返還についての異議でなければ返還拒否事由にあたらないと、制限的な解釈を示す傾向にあるとされています[11]。

また、実施法は、子の即時抗告権を認めています（実施法101条）。国内事件では子の監護者・親権者の指定・変更申立ての審判に対してそれを認めていませんが（家事事件手続法156条4号）、条約上子の返還拒否の意思が返還拒否事由にあげられているところから、子に独自の権限を与える効果を有すると考えられるところから規定されました[12]。

子の返還の強制執行については、間接強制が前置され（実施法136条）、その決定が確定した2週間経過後、子の返還の代替執行ができるとされています（同法137条）。そこでは、現に子を監護している親（債務者）から事情を聴取し、子の返還実施者（申立人である親でも可能）を指定し、執行官が債務者から子を解放して返還実施者へ引き渡してその者が子とともに常居所地国へ戻るという流れになります。子の代替執行は直接強制とは異なり、子を執行の対象として取り上げるのではなく、あくまで実施者が相手方に代わって返還行為を行うものであり、実力を行使して子を取り上げるものではないと説明されており、執行官が介在して行われるものです[13]。実施法140条は執行官の権限として、①債務者に説得を行う、②債務者の住居に立ち入り、子を捜索する、③必要があれば閉鎖した戸を開くための処分をする、④返還実施者に子または債務者と面会させる、⑤債務者の住居に返還実施者を立ち入らせることをあげ、これらの行為は子が債務者とともにいる場合に限り行うこ

10　渡辺惺之教授による2013年7月20日の関西家事事件研究会での発言。渡辺先生にはハーグ子奪取条約に関しさまざまなご教示をいただきました。ここに御礼申し上げます。
11　日本弁護士連合会「国際的な子の奪取に関するハーグ条約関係裁判例についての委嘱調査報告書」〈http://www.moj.go.jp/content/000079911.pdf〉（2011）175頁。
12　法制審議会ハーグ条約（子の返還手続関係）部会第9回会議資料10〈http://www.moj.go.jp/content/000082273.pdf〉（平成23年12月5日開催）4頁。
13　前掲（注12）10頁。

と、抵抗を受ける場合は子以外の者に、子の心身に有害な影響を及ぼさない限りにおいて、威力を用い、警察上の援助も可能であることを認めています。

3　調停手続

子の返還申立事件については裁判手続のほかに、家事調停を行うこともできます（実施法144条）。調停が成立した場合、子の返還について確定した終局決定の効果が認められますが（同法145条）、それ以外にどのような内容の調停を行うことができるのかが問題となります。想定されるのは、日本に子を連れ去られた外国に住む親が子の返還を求めているときでも、話し合いにより、連れ去られた子を捜索したいとか、今後も子と継続して会うことを望むようになった場合です。このとき、今後の面会交流が調停で合意されることにより、返還を取り下げることもあるでしょう。反対に、連れ去った親も子との継続的な交流を条件に子を返還するという合意ができる場合もあります。条約は子の監護権についての本案を行わない（条約16条）としていますので、原則として監護権については調停の対象ではないと解されますが、たとえ合意できたとしてもその実効性をどのように保障するかは、難しいところです。

なお、日本で家事調停と国際家事メディエーションはその態様が異なりますので、今後本条約が求めている調停[14]をいかに形成していくかは課題[15]ですが、その手続や内容について、当事者へ十分な説明を行う必要があります。

14　渡辺惺之「ドイツにおける1980年ハーグ条約による子の返還裁判と日本の実施法案（4・完）」戸時699号（2013）25頁以下参照。

15　Mediation, Guide to Good Practice under the Hague Convention of 25 Octover 1980 on the Civil Aspects of International Child Abduction〈http://www.hcch.net/upload/guide28mediation_en.pdf〉。

V 日本国返還援助──アウトゴーイング・ケース

1 離婚後の場合

　日本の条約締結に際し、これまであまり検討の対象とされてこなかったのが、日本から国外へ連れ出されるアウトゴーイング・ケースです。日本で居住している親たちのうち、離婚後親権者となっていない親が子を締約国へ連れ去った場合、残された親権者である親は日本国への子の返還のための援助を外務大臣に申請することができます（実施法11条）。しかし、残された親が離婚後非親権者となった場合、あるいは日本で事実婚により非親権者である場合に、日本法が準拠法となるときは、親権者が無断で子を他国へ連れ去ったら、条約による子の返還請求の適応は困難と考えられます。なぜなら本条約は、親の監護の権利を侵害することを要件としているからであり、日本の離婚後の非親権者にはその権利がないからです。非親権者となって離婚時に面会交流が取り決められていても、返還を請求することは原則として難しいと思われます。また、先に触れたように、離婚後に親権と監護権が分属した場合はさらに問題は複雑になります。

　アメリカ連邦最高裁判所で親の監護権が判断されたケースで、アボット事件（Abbott v. Abbott, 130 S. Ct. 1983（2010））[16]があります。これは英国人夫Xと米国人妻Yが別居時にチリでYに子Zの監護権が、Xに面会権とne exeat権という出国の拒否権が付与されたところ、Yが無断でZをアメリカへ連れ去ったという事件で、アメリカ連邦最高裁判所でZの返還について判断が下されました。ne exeat権とは、チリ法上面会権者に認められている

---

[16] 渡辺・前掲（注9）40頁以下、織田有基子「Abbott v. Abbott, 130 S. Ct. 1983（2010）──出国差止権（ne exeat right）はハーグ子奪取条約にいう『監護権』に該当し、これを侵害した子の連れ去りは『不法』であるから、出国差止権を有する親は、連れ去られた子の返還を申し立てることができる」アメリカ法2011-1号243頁参照。

権利ですが、ほかにもイングランド、イスラエル、オーストリア、南アフリカ、ドイツ、オーストラリア、スコットランド、カナダ、フランス等にも存在します。本件ではこの出国拒否権を「子の住所を決定する権利」に含まれるものと認め、面会交流権とこの権利をあわせて監護権であると判断しました[17]。ne exeat 権のないわが国にとって本判決の示唆するところは、監護権と面会交流権の違いが示されたことであり、単独親権である限り面会交流権のみではやはり子の返還請求権がないことが明らかになりました。したがって、離婚後非親権者となった親のとるべき手段としては、面会交流の確保になってきます（本章Ⅵ参照）。

　このように日本では婚姻外で共同親権が認められておらず、後にみるように、婚姻中でも監護者指定が行われた場合には、非監護者の権限は制限され、権利があるかなしかの状態になってしまいます。そこで今後、非親権者・非監護者の面会交流の内容に国外転居の制限を付けることができるのか否か、付けた場合 ne exeat 権に類似した権利として主張しうるか否かが、課題となるところです。

2　別居中の場合

　父母が別居中で共同親権中のときに一方の親が子を連れ去った場合、残された親は常居所地国である日本の外務大臣へ子の返還援助申請ができます。しかし、裁判所により監護者指定がされている場合、監護者が子を連れ去ったときと非監護者が子を連れ去ったときとで問題となります。別居中に、民法766条に基づき、監護者指定が申し立てられ、それが認められると、監護者に指定されなかった親にはいかなる権利が残るのかが問題となります。一般に国内事件でこれが争われる場合、非監護者の居所指定権利の行使が制限

---

[17]　Furnes v. Reeve, 362 F.3d 702 (11th Cir. 2004) では、離婚後親責任（parental responsibility）と ne exeat 権をもったノルウェー人の親に監護権があると判断されています。

されると解釈すること[18]で、子は監護者と住居を共にすることになりますが、居所指定権は本来親権に属するものですので、反対意見もあります[19]。

共同親権中で一方の親が主たる監護者という状況は、諸外国で立法化されている婚姻外の共同監護（joint custody）に近い状態です[20]。そこでは、親としての権利・義務は婚姻外でも保持し続けますが、子は主に一方の親と共に生活し、他方の親との交流は続きます。したがって、共同監護中に一方の親により子の連れ去りが起きたら、他方の親の監護の権利が侵害される状況になり、返還請求する条約の対象となるでしょう[21]。これまで日本では、別居中の監護者の指定が子の外国への転居の権限の付与まで含むかは議論されていないことであり、条約の締結に際し、解釈を明らかにしておく必要があるという指摘もあり[22]、今後、「居所指定権」という固定化した権利で把握するの

18　沼田幸雄「監護者指定とは何か」判タ1017号（2000）67頁。
19　於保不二雄＝中川淳編『新版注釈民法(25)』（有斐閣、2004）104頁〔明山和夫・國府剛〕は、監護者が優先して子の監護権者にあたる権能を有するにとどまり、親権者も子に対する居所指定をなしうるとみてよいとしています。清水節『判例先例親族法Ⅲ親権』（日本加除出版、2000）187頁も同旨。
20　フランスは、父母の婚姻にかかわらず親権を共同で行使するとの原則の下、離婚の98％が共同親権をとっています。居所指定権は親権に属し、実際子の住居は交替居所か一方に定めることができます。ドイツも、婚姻外でも親の共同配慮が原則であり、別居・離婚時の共同配慮率は95％とされています。居所指定権は配慮権に属しています。イギリスも子の父母は婚姻の有無を問わず常に子に関する親責任を有するとされており、父母間での居所命令は、子がどちらの親と住むべきかを定めるものにすぎないとされています。アメリカでjoint custodyといわれる共同監護の主な内容は法的共同監護であり、親の権利義務が共同であることをいいます。実際には婚姻外の5割〜8割が法的共同監護を取り決め、そのうち約2割は子が双方の家を行き来し親双方が子を養育する身上共同監護の形態をとっています。州法により異なりますが、離婚時に子の居所をどのようにするかを取り決めるとともに、単独監護であっても、勝手に子と転居することは、多くの州で制限されています。床谷＝本山編・前掲（注3）参照。
21　条約は、現実に行使されていた監護の権利が侵害されたときに不法としていますが（3条b項）、実際監護権の行使は極めて広く解されており、返還申立要件としての監護権の現実の行使がなかったと認められた裁判例はほとんど見当たらないとされています。日本弁護士連合会・前掲（注11）38頁。

ではなく、監護者の転居については個別に限定した取決めを行う必要が出てくるといわれています。

---

22 大谷美紀子「別居・離婚に伴う子の親権・監護をめぐる実務上の課題」ジュリ1430号（2011）25頁〜26頁。

Ⅵ 面会交流の確保

　条約21条は、子の返還を求める申請と同様の方法によって面会交流の確保を求めることができると規定しています。本来条約は、非監護者が子を国外へ連れ去ることを念頭において制定されており、子の返還後、子の常居所地国で非監護者が子と交流できることを保障することにより、奪取の減少を図るものとされています。しかし実際は、連れ去る親は監護者が多いということから、その場合、非監護者は、返還は求めずに連れ去り国で面会交流の確保を請求することになります。

　アウトゴーイング・ケースで日本人が他の条約締約国に連れ去られた子との面会交流を求める場合は、日本の外務大臣にその援助を申請することになります（実施法21条1項）。インカミング・ケースで日本に所在している子への面会交流についても、外国に居住している者は日本の外務大臣にその援助を申請することができます（同法16条1項）。

　日本国に請求される面会交流については、実施法には特有の裁判手続に関係する規定は設けられておらず、現行の家事審判または家事調停の申立てを家庭裁判所に行うことになります（実施法148条）。取決め内容は日本の現在の基準でいくと、月1回ないし2回程度という頻度となるでしょうが、それでは諸外国の面会交流の基準からみて極めて少なく、諸外国の一般的観念と乖離するという現実も理解しておく必要があります。条約5条b項は親の接触（access）の権利とは、一定の期間子をその常居所以外の場所に連れていく権利を含むと規定しておりますので、子の長期休暇には長期の面会交流を他方親の住む外国で行うことが求められることになるでしょう。また、その計画も柔軟に幅をもたせて作成するのか、日時、受渡場所等あらかじめ綿密な計画にするのかについても、諸外国の方法との違いが出てきます。日本でも、詳細な規定でなければ執行できないことが最決平成25・3・28民集67巻3号864頁で示されましたが（第2章Ⅴ3(3)参照）、これが国際的な面会交流

VI 面会交流の確保

の取決めにおいてどのように反映されるのか、注目されます。

　また、監護者が転居することにも一定の制限を加えることを求められる可能性があります。すでにアメリカをはじめ諸外国では、主に子と暮らす親は、他方の親の監護権の有無にかかわらず、子を連れて国内であっても転居するにあたっては事前に他方の親の許可をとり、転居後の養育計画や面会交流について再計画しなければなりません。無断転居は認められず、他方の親は転居が子の利益でないことを証明することにより、子の監護権変更や転居禁止を裁判所へ求めることができます[24]。本条約で非監護親に対し面会交流が認められているということは、監護者に対し子を遠く離れた所へ移してはならないことを暗に示唆するものであるといわれています[25]。日本にはこのような考えは今のところありませんが、親権者といえども離婚後も子を連れて無断で転居することに一定の条件や制限を加えることが必要になってくるかもしれません。これは国際離婚のみならず、国内における離婚後の親子の交流でも検討すべき課題であろうと思われます。

23　たとえばアメリカの多くの州では、婚姻外の子の養育計画書（parenting plan）を作成することが義務づけられており、子の主たる住居、祝日・休暇中どちらの親と過ごすかといった交流の日時、子の交流の際の子の受渡場所や方法、旅行の事前通知、子に関する重要な決定方法等を事前に詳細に作成することになっています。床谷＝本山編・前掲（注3）41頁。
24　大谷美紀子「国境を越える子の監護問題の法的処理の現状と課題」判タ1376号（2012）12頁以下、床谷＝本山編・前掲（注3）48頁。
25　織田有基子「『子の奪取に関するハーグ条約』の実際の適用と日本による批准の可能性」国際95巻2号（1996）50頁。

Ⅶ　今後の対応

　日本では民法上、婚姻外では単独親権しか認めていないため、離婚後や事実婚において実際共同あるいは交替して子育てしている場合でも、監護権がないということで申立ての権利さえ認められないことが予想されます。また、ローマ法由来の権利やコモンロー上の権利が存在しない中では、これまで条約に関し締約国が判例上形成してきた解釈を用いることはできません。しかし、条約の本質は、婚姻外での親子関係の再構築であり、それに向けて国家が援助することです。条約は事件が生じた場合を規定していますが、事件が生じる前に、公的・民間の支援により自律的に解決するようにすることこそ、現行法上婚姻外で共同親権の存在しない日本にとって重要なことです。

　条約前文でいう子の利益とは、常居している国および親の元から無断で引き離されないことですが、この条約の根底には、父母間の関係が終わったとしても原則として子は両親と定期的に交流を維持することが子の利益であり権利であるとする考えがあり、それは日本も批准している国際連合の「児童の権利に関する条約」も認めるものです[26]。そうであれば、父母間の関係が終了しても、親の権利義務に関係なく子は親双方と交流されなければならないという意識をもつことで、親子の引き離しは抑制されるはずです。また、婚姻外の取決めでも、他方の親への無断の転居を制限する約束を取り入れるよう、法的機関も注意が必要です。このような観念が広がることにより、国内の事件においても、離婚時に考慮されるべき子の利益の内容が形成されてくることになるでしょうし、子をめぐる親子の関係のあり方にも影響を与えることになると思われます。

　　　　　　※本研究はJSPS科研費25380124の助成を受けたものです。

（京都産業大学法学部教授　山口亮子）

---

[26] ハーグ子奪取条約の根底にあるのは、子の権利条約であり、子の基本的な権利に効果を与えるものであるとされています。大谷・前掲（注22）19頁。

第5章

紛争事例に学ぶ面会交流の実務

♣ はじめに

　第2章では、面会交流紛争の特徴と調停・審判等の手続の流れに沿った代理人の役割と対応のポイント、調停または審判により面会交流の内容が確定した後の諸手続等、第3章では、面会交流実施にあたっての関連諸機関の概要と活用方法を解説してきました。

　本章では、紛争になりうる具体的な事例を取り上げて、個別のケースにおける実務上の指針を探りたいと思います（本章Ⅰ）。それぞれの事例では、想定される当事者からの相談に対して代理人として留意すべき諸点について、Q&A形式で解説をします。その後、実務の参考になる審判却下事例（本章Ⅱ）、調停条項と審判・決定主文（本章Ⅲ）をみていきます。

I 面会交流紛争事例 Q&A

ここでは、紛争となりうる事例ごとに、基本的な考え方と代理人の実務対応を検討します。Q&A 形式をとっていますので、当事者からの具体的な相談の際に参考になるものと思います（なお、それぞれの事例に付された家族関係図のアミかけ部分は「同居」を表しています）。

事例1　子の意思が問題となるケース(1)——子の意思の確認

父母の性格の不一致などが原因で、母が子3人を連れて実家に戻り、別居生活を送るようになりました。まだ、離婚は成立していません。

父は子らと面会交流をしたいと考えていますが、母は子らが父と会うのを嫌がっていると言って応じようとしません。

父　母

長女（14歳）　長男（9歳）　二女（5歳）

> **Q1**　監護親である母は、子らが非監護親である父と会うのを嫌がっていることを理由に、父からの面会交流の申入れを拒むことができるのでしょうか。

A1　非監護親と子との面会交流は、子の福祉を図るために行われるものですから、子自身が面会を嫌がっている場合にまで、無理に面会交流を実施する必要はありません。

ただ、子が、内心では面会を望んでいるのに、表面的にだけ面会を嫌がっている場合もあります。その場合にまで、子自身が嫌がっているからといっ

て面会を拒否することは、逆に子の福祉に反することになってしまいます。特に、子は、監護親の意向を敏感に感じ取り、無意識にもその意向に沿うように行動してしまう傾向があるものです。

そこで、監護親としては、子が面会を拒否する理由がどこにあるかを見極めるとともに、面会が子にとって必要で重要なものであることを理解し、そのことを子にも伝えるなど、面会の実現に努力する必要があるでしょう。

そのうえで、子が面会を嫌がっているのかどうかを判断し、嫌がっている場合には拒否することになると思われます。

> **Q2　父は、子らが本当に父と会うのを嫌がっているとは考えられません。子らの気持はどのように確認すればよいのでしょうか。**

A2　父としては、子が父と会いたいと考えているのに、母がそれを隠しているのではないか、子が母に遠慮しているだけなのではないかなどと考えてしまうことがあります。

子の意思を確認するためには、家庭裁判所調査官に、子の状況や意思を調査してもらうという方法（調査官調査。家事事件手続法58条）があります（第3章Ⅰ2(1)(イ)参照）。

調査官調査を行ってもらうためには、父は家庭裁判所に、面会交流を求める調停（子の監護に関する処分（面会交流）調停）を申し立てる必要があります。その調停手続の中で、家庭裁判所調査官に調査をしてもらいたいと考えていることを伝えてください。父がそのように伝えなくても、裁判所が主導して家庭裁判所調査官が調査する場合もあります。

> **Q3　父自身が、一度でも会うことで、子らの意思や様子を直接確認することはできるのでしょうか。**

A3　子と別居中の父が、無理に直接会おうとすると、母との関係が悪化したり、子が父におびえたりするなどして、その後の面会交流が順調に進まなくなるおそれが生じてしまいます。

　そこで、**Q2**のように、家庭裁判所に面会交流を求める調停を申し立てた後、その調停の中で、家庭裁判所調査官が立ち会って試行的面会交流（第2章Ⅴ3⑴(ウ)、第3章Ⅰ2⑴(ウ)参照）を実施することが考えられます。

　試行的面会交流が実施できれば、限られた環境と時間の中ですが、子と直接会うことができますので、子の様子を確認することができるでしょう。ただし、その際、父が子に対して、父と面会をすることを希望するかどうかなどと、子の意思を直接確認しようとしても、子が自分の気持を素直に話すことができるかどうかわかりませんし、そもそも試行的面会交流は、そのようなことをする場面ではありませんので、子に直接本心を問い質すようなことは控えるべきです。

Q4　子の年齢によって、子の気持を判断する方法に違いはあるのでしょうか。

　A4　はい、違いが生じます。事例に即して考えてみましょう。

　14歳の長女くらいになると、すでに判断能力が十分にあると思われますから、家庭裁判所調査官が未成年者の意思を直接聞き取る方法で、面会交流についての意向を判断することとなります。

　これに対し、9歳の長男くらいであれば、ある程度の判断能力が認められるため、第一義的には子の意思が考慮されると思われます。しかし、母および姉（14歳の長女）の意向に左右されやすく、真実、子の意思が表明できるとは限りません。そこで、家庭裁判所調査官の調査結果も子の意思を聞き取るだけでなく、さまざまな会話をする中で子の真意を探るなど、慎重に行われることになるでしょう。家庭裁判所調査官の調査報告書に記載される調査

官の意見を確認する場合には、意見のみならず、その調査内容を十分に検討する必要があります。

さらに、5歳の二女については、判断能力が不十分であり、子の意思を基礎として判断することは困難ですから、よほど面会の実施に困難が伴わない限り、面会を実施する方向で、まずは試行的面会交流の実施をするなどして進めていくことが多いと思われます。

> **Q5** 定期的な面会交流がスタートしましたが、子が急に会いたくないと言い出した場合、母は、面会交流を中止することができるのでしょうか。

A5 まず、急に会いたくないと言い出した子の気持を十分に聞いてあげることが大切です。

その理由によっては、面会交流をいったん中止したほうがよいと思われる場合もあるでしょう。たとえば、面会の際の父の言動で子が傷ついてしまったような場合です。そのような場合には、直接の面会交流はいったん中止し、電話や手紙、写真のやりとりなどの間接的な面会交流を続けながら子の回復を待つ必要があるかもしれません。

これに対し、子が本心から会いたくないと考えているのではないことがわかったような場合には、面会交流を中止せずに、子と対話を重ねたり、会いたくないと言い出した理由となった環境の調整を図ることで、面会交流を継続できるように努力するほうがよいと思われます。

> **Q6** 面会交流を子らが希望し続けるように、父としては、どのようなことに気を付けて面会をしていくべきでしょうか。

A6 面会交流の継続的な実施にあたっては、①母との関係づくりの側面

と、②子との関係づくりの側面の双方から、注意していく点があります。

まず、①母との関係づくりとしては、事前に取り決めた面会交流の決定事項を守ることが大切です。やむを得ない事情により守ることができない場合には、速やかに連絡をするべきです。

また、子に会うときに、高価すぎる贈り物をしたりすると、子の健全な成長を阻害する可能性が生じるほか、親どうしの信頼関係を壊しかねませんので、物や金銭をプレゼントしたいと思われるときには、事前に親どうしで話し合っておく必要があります。

一方、②子との関係づくりとしては、面会交流の日時・場所などについて、子に無理が生じないよう、子の年齢、健康状態、学校、課外活動、習い事などのスケジュールを十分に考慮すべきです。子が喜んで父と会うことができるように配慮してあげてください。

また、子に会うときに、監護親の悪口を言ったり、監護親の様子をしつこく聞くようなことは避けましょう。子の気持を重くすることになります。子が関心をもっていることや、学校の行事、うれしかったことなど、子が楽しく話せる会話を心がけるとよいでしょう。

さらに、監護親に相談せずに、勝手に子と約束をしてしまうと、子に後ろめたい思いをさせたり、不安にさせたりしますので、大切なことは親どうしで話し合って決めるようにしましょう。

いずれにしても、面会交流は、同居時とは異なる親子の交流ですから、親も子もぎこちなく、初めのうちは円滑に実施できないこともありますが、うまくいかなくても当然のことと受け止め、長期的な視点で子の幸せを考えて、柔軟に対応していくことが大切です。

I 面会交流紛争事例 Q&A

事例2 子の意思が問題となるケース(2)──子の拒否

　父母の性格の不一致などが原因で、父母が離婚することになり、親権者を母と定め、父と子は月に1回程度、面会交流をすることで調停が成立しました。

　何回か面会交流を実施することができましたが、子が父との面会を嫌がるようになり、面会交流ができなくなってしまいました。

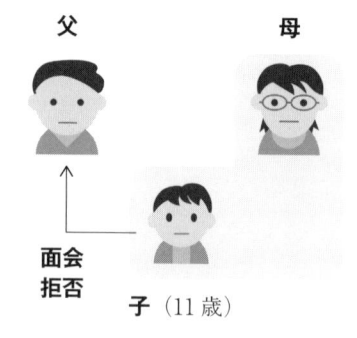

父　　母

面会拒否　子（11歳）

> **Q1** 監護親である母は、子が嫌がるので、面会交流ができなくても仕方がないと考えていますが、調停で非監護親である父と子との面会交流をすると約束していたこともあり、中断することに問題はないのでしょうか。母は、何かしておく必要はないのでしょうか。

　A1 面会交流は、第一次的には未成年の子の福祉に資する目的で行われるべきものであり、子自身が面会交流を拒絶する明確な意思を有している場合においては、面会交流が制限されることがあります。

　ただし、このケースにおいては、父母の間で月に1回程度、面会交流をするという内容の調停が成立しているため、母は父に対して、子を月に1回面会させる債務を負担していることになります。にもかかわらず、母が父に子を会わせなければ、母に債務不履行責任が生じることになりますが、母が面会交流に応じないことについて、相当の理由がある場合に限って、面会交流の中断が正当化されます。

　このケースでも、父との面会を嫌がっているのが、子の真意かどうか、表面的には嫌がっているものの、母の意向に沿うような意向を表明しているに

すぎないのではないか、嫌がる理由がどこにあるのか、十分見極める必要があるでしょう。

さらに、子が面会を拒絶する意向を有していると判断できる場合であっても、子がそのような意向を有するに至った経過において、母の行動が相当程度影響を及ぼしているような場合には、やはり、母に責任が生じることが考えられます。それは、子にとって最も重要でかつ密接な人間関係にある母の感情や言動は、母が特に意図しなくても、子の心理に影響を及ぼすことが当然に考えられるからです。このことは、父の言動が子の意向に相当程度影響を及ぼしていると思われる場合においてもあてはまりますので、父の言動によって子の意向が面会の拒絶に作用していると考えられる場合であっても、同様に母の言動の影響を検討しなければなりません。

以上のとおり、子が面会を嫌がることになった原因の一つが母の言動にあると思われる場合には、母も自らの言動を振り返り、そのような言動をなくし、さらに子が面会を嫌がらなくなるように努めるべきでしょう。

実際の裁判例においても、調停において合意した面会交流の拒絶が債務不履行にあたるとして監護親の損害賠償責任が認められた事例（横浜地判平成21・7・8家月63巻3号95頁）がありますので、注意してください（第2章Ⅶ5も参照）。

以上を前提に、母がしておくべきこととしては、まず、父に対して、面会交流が中断することとなった事情を説明することが考えられます。父の理解が得られれば、一時的に中断することや、再開に向けた対応ができることになります。

父の理解が得られない場合には、調停で面会交流を行う約束をした状況が変わったことにより、面会交流ができなくなったのですから、もう一度面会交流の約束を決め直すために、調停申立を行う必要があるでしょう（第2章Ⅶ3参照）。そして、調停手続の中で、必要があれば子の状況や意思を確認してもらうために、家庭裁判所調査官による調査（家事事件手続法58条）

を求めることも考えられます（第3章Ⅰ2(1)(イ)参照）。

父からの面会交流を求める行動（**Q2**参照）を考えれば、できる限り、母から調停申立てを行っておくほうがよいものと思われます。

Q2 父は、調停において、母と面会交流の約束をしていたことを根拠に、母に対して、子と会わせるように求めることはできないのでしょうか。

A2 まず、調停で決まった内容（調停条項）を相手方である母が守らないということですから、家庭裁判所において、履行勧告（家事事件手続法289条。第2章Ⅶ2参照）という手続をとることができます。この手続を行う場合、書面で申し出るだけでなく、口頭でも申し立てることができますので簡便です。家庭裁判所調査官が、約束を守らない状況や経緯等を確認したうえで、相手方に対して、履行を勧告してくれます。また、勧告に対する相手方の対応を知らせてくれますので、その後の対策を講じやすくなるでしょう。

次に、相手方に調停条項を守らせるために、間接強制の申立て（民事執行法172条1項。第2章Ⅶ4参照）を行うことが考えられます。近時の最高裁判例においても、「調停調書において、監護親の給付の特定に欠けるところがないといえるときは、通常、監護親の給付の意思が表示されていると解するのが相当である。したがって、非監護親と監護親との間で非監護親と子が面会交流することを定める調停が成立した場合において、調停調書に面会交流の日時又は頻度、各回の面会交流時間の長さ、子の引渡しの方法等が具体的に定められているなど監護親がすべき給付の特定に欠けるところがないといえるときは、間接強制を許さない旨の合意が存在するなどの特段の事情がない限り、上記調停調書に基づき監護親に対し、間接強制決定をすることができると解するのが相当である」（最決平成25・3・28集民243号271頁、判時2191号48頁。なお、判決中の「抗告人」「相手方」等の当事者の表記は「監護親」「非

監護親」等に置き換えています）と判示されています（第2章Ⅴ3(3)参照）。

　さらに、母が調停条項の義務を守らないことを理由に、母の債務不履行に基づく損害賠償請求を行うことも考えられます（第2章Ⅶ5参照）。

　再度、面会交流の内容を取り決めるべく、調停申立てを行うという方法も考えられます（第2章Ⅶ3参照）。

　以上のような方法が考えられますが、どの方法を選択することが適切であるか、面会交流においては子の利益が最も優先して考慮されるべきであることを念頭において判断すべきです。

（山本香織）

事例3　父母が遠隔地に居住しているケース

親子4人で大阪に居住していましたが、次第に父が母に暴力を振るうようになり、ある日これに耐えかねた母が子を連れて実家である札幌に帰り、別居生活を送るようになりました。

母は、もはや婚姻生活を続けることは難しいと考え、離婚調停を申し立てようとしていますが、父からは面会交流を求められています。

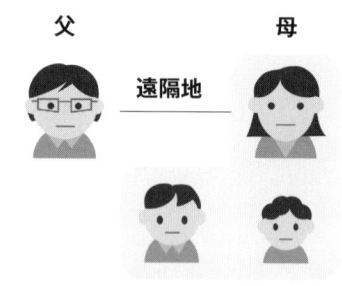

父　　　母
遠隔地

子（6歳）　子（2歳）

Q1　母は、どこの裁判所に調停を申し立てたらよいでしょうか。

A1　原則として、相手方の住所地を管轄する家庭裁判所または当事者が合意で定める家庭裁判所です（家事事件手続法245条）。

したがって、父の住所地である大阪家庭裁判所か、父との間で合意ができれば、合意で定める家庭裁判所に申し立てるということになります。

Q2　母はあまり収入がなく、子らも幼いので遠方の裁判所に出廷することが難しいのですが、札幌家庭裁判所で調停をすることはできないでしょうか。

A2　Q1で述べたとおり、管轄を合意で定めることもできますので、父との間で札幌家庭裁判所で調停を行うという合意ができれば札幌家庭裁判所に調停を申し立てることができます。その際には、管轄の合意ができていることがわかる書面（管轄合意書等）を添付して調停の申立てを行うことにな

ります。

　父との間で管轄の合意をすることができなかった場合、母が札幌家庭裁判所に調停の申立てをしても、管轄違いを理由として管轄権を有する裁判所に移送されます（家事事件手続法9条1項本文）。もっとも、場合によっては、管轄裁判所以外の裁判所で手続を進めたほうが適切な場合もあります。そこで、事件の申立てを受けた家庭裁判所が「事件を処理するために特に必要があると認めるとき」と判断した場合には、職権で、管轄権を有しない裁判所に移送したり、自ら処理（自庁処理）することを認めています（同項ただし書）。

　また、家事事件手続法の施行により、当事者の一部が遠隔地に居住している場合、裁判所に出頭しなくても電話会議システムやテレビ会議システムを利用することができるようになりました（同法258条1項・54条1項・2項）。ただし、離婚についての調停事件の場合、調停成立の場面で利用することはできません（同法268条3項）。

> **Q3**　大阪と札幌では距離が離れすぎています。移動時間や費用がかかってしまうのですが、このような場合でも面会交流を実施しなければならないのでしょうか。

　A3　確かに、父母が遠距離に居住する場合、面会交流の実施は、物理的にも困難を伴うことが少なくありません。しかし、子と親との面会交流においては、子の福祉を最優先に考慮すべきであり、できる限り実施することが望ましいといえます。

　具体的な方法としては、**Q4**・**Q5**を参照してください。

> **Q4** 通常面会交流のペースは月1回とされることが多いようですが、遠距離に住んでいるため、月1回というペースで面会交流を実施することは困難です。どのようなペースで面会交流を実施したらよいでしょうか。

A4 この事例のように、監護親と非監護親が遠隔地に居住している場合、月1回程度の面会交流を実施するということは、現実的に難しい場合が多いといえます。

父が子に会いに行く場合でも、子が父に会いに行く場合でも、移動距離が長く時間がかかるため、身体的にも精神的にも負担がかかるのは事実です。そうすると、お互いに十分に面会を行う余裕がなくなってしまい、疲労感だけが残るということになりかねず、ともすれば面会に否定的な感情が生まれかねません。

また、面会場所まで赴く交通費も嵩みますし、自宅以外の場所での宿泊を伴う場合には宿泊費も必要となるため、頻繁に面会することは経済的にも難しいでしょう。

このような場合には、短期間に短時間の面会を繰り返すのではなく、夏期休暇等の長期休暇を利用して、ある程度長期の宿泊を伴う面会を実施する例が多いようです（調停条項例は、本章Ⅲ1(2)参照）。

たとえば、夏期休暇中に3日〜7日程度の宿泊を伴う面会であれば、あまり負担をかけずにゆっくり交流することができるのではないでしょうか。夏期休暇以外にも、春期・冬期休暇を利用して、3日前後の短期間の宿泊を実施する例もあるようです。

また、直接会うことができない期間は、電話や手紙、写真のやりとりなどの間接的な面会交流を行うことにより、会うことができない空白の時間を埋める工夫も必要でしょう。

Q5 宿泊を伴う長期の面会交流を実施する場合、どのような配慮が必要でしょうか。

A5 一概にはいえませんが、宿泊が終了した後、生活本拠地に戻ってから気持を切り替えて生活の立て直しを図る期間も必要です。

夏期休暇等の長期休暇の最終週などは新学期への準備で慌ただしくなりますし、子の気持の安定にも配慮して、日常生活に支障が出ないよう長期休暇の最終週は避けるといった配慮が必要でしょう。

Q6 父母どうしはできるだけ顔を合わせたくないですし、長男も一人で父のところに遊びにいきたいと言っています。しかし、一度預けてしまうと子を返してもらえないのではないかと心配です。どのような方法があるでしょうか。

A6 子を遠隔地の非監護親に預けてしまうと、返してもらえなくなるのではないかという不安から、面会交流の実施自体に強く不安を感じる監護親は少なくありません。

このような場合、長期休暇を利用した宿泊を伴う面会交流を実施する前に、父方において祖父母や代理人等の第三者の立会いのもとでの面会を実現し（調停条項例は、本章Ⅲ1(3)(4)参照）、母の不安を取り除くという過程も必要でしょう。

Q7 面会交流にかかる交通費や宿泊費用は、どのように負担したらよいでしょうか。

A7 正解があるわけではありませんが、面会交流にかかる費用をどのように負担するかは大きな問題であり、負担について折り合いがつかないこと

が原因で面会交流が実現しないことさえあります。

　経済的に余裕があれば問題ありませんが、移動する側に一方的に経済的負担を強いる結果となりかねず、場合によっては金銭的余裕のない親は子に会えないということにもなりかねません。面会交流が子の福祉のためにあることを理解し、双方で負担するという方向での話し合いを進める必要もあるでしょう（調停条項例は、本章Ⅲ1(2)参照）。

事例4 きょうだいが分離して監護されているケース

家族4人は大阪で生活していましたが、父母の性格や考え方の違いから口論が絶えなくなり、別居することになりました。

母は、両方の子を連れて母の実家である東京に転居するつもりでしたが、長男は地元の少年サッカーチームに入り、友達も地元の友達ばかりであったため、転校して大阪を離れることを頑なに嫌がりました。母は専業主婦であり、経済的事情から実家の助けを借りずに二人の子育てをしながら生活していく自信がありません。きょうだい仲はとても良く、母としてはきょうだいが離ればなれになることについて葛藤はありましたが、やむなく特に母に懐いていた二男だけを連れて実家で生活を開始しました。

父　母

長男（10歳）　二男（5歳）

> **Q1** 母は長男と面会したいと考えており、父も二男と面会したいと考えています。また、父も母も、自分が監護している子を相手に面会させることはかまわないと考えています。どのように面会交流を実施したらよいでしょうか。

A1 この事例のように父母がそれぞれ遠隔地に居住している場合、**事例3**で述べたように、交通費や宿泊費用、移動による心身への負担という点を考慮しなければならず、頻繁に面会交流を実現することは難しいといえます。

父母が面会交流時に顔を合わせることに問題がないのであれば、家族4人がそろう形で面会交流を行うということも考えられますが、別居に至っている以上、現実的には難しいといえるでしょう。

したがって、面会交流に際しては工夫が必要ですが、子にとっては、片方の親と離れるだけでなく、共に過ごしてきたきょうだいとも離れるということにも配慮が必要です。面会交流の方法を考える際には、**Q2**のように、子どうしの交流も念頭においておく必要があるといえるでしょう。

Q2 父母の対立が激しい場合、具体的には、どのような方法が考えられるのでしょうか。

A2 父母の対立が激しい場合、父母が同席して面会交流を実施することは避けざるを得ません。父母が無理をして同席しても、知らず知らずのうちに相手を非難するような言葉を口にしたり、相手が自分の監護する子と親しく交流することに抵抗を感じ無意識に交流を妨げるような行動に出てしまうということは十分にあり得ます。子もこのような父母間に漂う不穏な空気を敏感に感じ取りますから、子とその子を監護していないほうの親との愛着を確認するどころか、子を無用に疲弊させ、次第に面会交流自体が苦痛になり、子に精神的不安定をもたらしかねません。これでは、子の福祉のために実現されるべき面会交流が子の福祉を阻害することになり、本末転倒です。

そうであれば、やはり父母が別々に面会交流を行うという方法をとることになります。子が一人で移動することが可能な年齢となれば、一方の子が他方の家族の元に赴くという形での面会交流も可能でしょう。子が一人で移動することが難しいようであれば、父と母とで交互に面会交流を実施したり、時間を区切って父と母が入れ替わる形で面会をするなどの工夫が必要だと思われます。

なお、きょうだいが離ればなれになっている場合、親子間の面会交流も大切ですが、きょうだい間の交流も大切です。共に育ったきょうだいどうし、親の前では言えないことや子どうしで話をしたいこともあるでしょう。子どうしで話をする時間をつくってあげることも考えてあげたいものです。

事例5　監護親から非監護親に面会を求めるケース

　父母の性格の不一致などが原因で、母が子を連れて別居を開始しました。

　母は、もはや婚姻生活を維持することは難しいと考え、父との間で、親権者を母とし、面会交流については特に取決めをせずに、協議離婚をしました。母としては、父と子の面会交流を拒むつもりはないのですが、父は面会を求めてきません。

父　　　母

子（3歳）

> **Q1**　監護親である母としては、たとえ夫婦が離婚したとしても、両親ともに子の親であることに変わりはなく、子には父親の存在を感じながら成長してほしいと思っています。母から非監護親である父に、子に面会交流を求めることはできるのでしょうか。

　A1　面会交流は、子の福祉にかなうよう実現されるべきであり、子が幼い頃から非監護親との面会により愛着を感じ絆を形成する過程は重要といえます。

　父母が協議上の離婚をするときは、「子の監護をすべき者、父又は母と子との面会及びその他の交流、子の監護に要する費用の分担その他の子の監護について必要な事項」について、その協議で定め、この場合においては、「子の利益を最も優先して考慮しなければならない」とされています（民法766条1項）。

　面会交流は、子に会うことができない非監護親のみが求めることができるものではなく、逆に子に会ってほしいと望む監護親から非監護親に対して面会を求めることも、子の福祉に反しない限り、何ら制限されるものではあり

ません。したがって、母から父に、子への面会交流を求めることができます。

Q2 監護親である母から、非監護親である父に対し、子に会うことを求める面会交流調停を申し立てることはできるのでしょうか。

A2 面会交流について協議が調わなかった場合、監護親から非監護親に対し、子に会うよう求める調停を申し立てることは可能です。

実際に、子が非監護親との面会を希望していることを理由に監護親が非監護親に対し調停を申し立て、審判に移行した例もあります（さいたま家審平成19・7・19家月60巻2号149頁。本章Ⅱ14参照）。

また、調停の中では、非監護親が子に面会することに消極的である理由について、明らかにしてもらう必要があるでしょう。

Q3 母は、父が子に会うことを求める面会交流調停を申し立てましたが、父は面会に応じようとしません。このまま調停が不成立となり審判に移行した場合、父が面会を拒絶していることは面会交流を認めないとの判断要因となるのでしょうか。

A3 面会交流を認めるかどうか、認めるとしてどのような形で認めるかは、子の福祉の観点から判断されますので、面会を拒絶している事情や面会を実施することが子の福祉を阻害する結果になるのであれば、裁判所が面会交流に消極的な判断を行うことは考えられます。

Q2で紹介した前掲さいたま家審平成19・7・19は、監護親自身は子が非監護親と面会することを望んでいないものの、子が非監護親との面会を希望していることから、監護親から非監護親に対して面会交流を求めたという事案でした。

審判の概要は本章Ⅱ14において紹介していますが、前掲さいたま家審平成19・7・19は、非監護親がすでに再婚していることや、面会交流の早急な実施が監護親および非監護親の双方に精神的負担を負わせることになることなどから、「直接の面会交渉を早急に実施することは未成年者の福祉に必ずも合致するものではなく、消極的にならざるを得ない」として、非監護親から子あての手紙を年4回、3カ月ごとに書くことを命ずることを限度として、面会交流を認める審判を行いました。

　つまり、非監護親が子に面会することを拒絶した場合に、必ず面会交流を認めないとの結論になるわけではありませんが、面会を実施することが子の福祉に合致するかどうかという観点からの判断になると思われます。面会を嫌がる非監護親に無理に会わせることの影響を考えると、前掲さいたま家審平成19・7・19のように、徐々に面会を受け入れるよう環境を整えるために段階を踏んでいくことも必要かもしれません。

事例6　養育費不払いが問題となるケース

　父母の性格の不一致などが原因で、母が子を連れて別居を開始しました。

　母は、もはや婚姻生活を維持することは難しいと考え、離婚調停を申し立てました。母は、親権と養育費の支払いを求めましたが、父は、子には会いたいが収入が少なく養育費を支払うことができないということで、調停は不成立となりました。

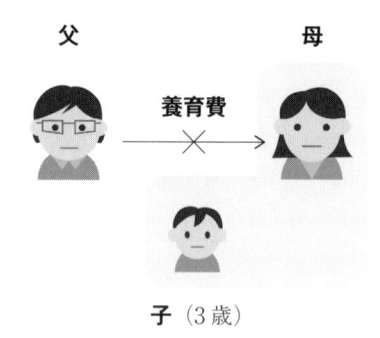

　その後、審判に移行し、父が養育費を月2万円支払う、月1回の面会交流を実施するとの審判がなされましたが、父は1回目の支払期日から養育費を支払っていません。

Q1　監護親である母は、非監護親である父が養育費を支払わないことを理由に面会交流を拒むことができますか。

　A1　養育費を支払わない非監護親に対し、養育費も支払わない親になぜ子を会わせなければならないのか、と感じる監護親は少なくありません。監護親が、養育費を支払わないのは子に愛情を抱いていない証であり、そうであれば子に面会をさせたくない、と考えるのは、むしろ自然な感情ともいえるでしょう。

　しかし、面会交流については、子の福祉を最優先に考えなければならないということを看過してはなりません。養育費の支払いと面会交流は性質の異なる問題であり、養育費支払いの有無は、支払義務者の面会交流の可否と直接結びつくものではありません。

特に、この事例のように子がまだ幼い場合、面会交流の実現は、両親の意向、主に監護親の意向に強く左右されることになります。つまり、監護親が面会交流を拒否すれば、子が非監護親と面会する機会は絶たれるに等しいのです。

　子にとっては、監護親も非監護親もかけがえのない存在であり、面会交流の適切な実現は、子の人格形成に必要不可欠といえます。特に、幼少期というのは、両親との間に愛着や絆を形成する極めて重要な時期です。非監護親と子との関係が緊密に構築されていない時期に引き離されざるを得なかった子にとって、短時間でも頻繁に面会交流を実施し、直接的な接触を通じて非監護親の愛情を感じる機会を与えることは、子の健全な成長のためにも重要といえるでしょう。

　確かに、非監護親が養育費を支払ってくれるかどうかは、子の養育を一次的に担う監護親にとって生活を左右する大問題です。しかし、養育費を支払わない事情はさまざまであり、非監護親に養育費を支払う意思があるにもかかわらず経済的事情により支払いができない場合にまで、養育費の不払いを理由に面会交流を拒否すれば、金銭的余裕のない非監護親は子に会えないということになりかねません。

　子の立場に立って面会交流を考えるということを忘れてはなりませんし、面会交流が離婚条件の駆け引きの材料にされるということがあってはなりません。養育費の支払いを求める手立ては別途講じるとして、まずは子の立場に立って面会交流を実施するということを心がけるべきでしょう。

Q2　父は、養育費を支払っていませんが、面会交流を求めることができますか。

　A2　Q1で述べたように、夫婦の問題と親子の問題は別問題であり、養育費を支払わないことのみをもって面会交流が実施されないという事態は避

けるべきです。したがって、養育費を支払っていないからといって、面会交流を求めることができないというものではありません。

　もっとも、養育費は子の監護・養育のために使われるものですし、毎日顔を合わせることのできない非監護親にとって、養育費の負担は子の養育に協力する大切な機会でもあります。また、仮に養育費の不払いにより強制執行等がなされれば、父母間の感情面での対立が事実上親子間にまで影響しかねません。

　非監護親としては、決められた養育費の支払いを履行すべきあり、決められた全額の支払いが不可能であるとしても、少しずつでも支払いを継続すべきです。また、非監護親の代理人としては、現実的に支払いができる金額まで減額を求める再調停を申し立てるなど、安定的な養育費の支払いを可能とする方法も検討すべきでしょう。支払いが可能な適正金額については双方の意見が対立するところですが、養育費に関する紛争は、子の監護に関する処分（養育費請求）調停として先に調停・審判で金額を定め、手続を分離して進めるほうが、面会交流が金銭と引き換えとなる印象が薄くなり、望ましいともいえます。

　なお、扶養能力がありながら正当な理由なく養育費を支払わない非監護親との面会交流は、子が進んで面会交流を望む場合を除き子の福祉に著しく反する場合が多く、親としての義務を怠っていながら権利行使のみを求めるのは権利の濫用ともいえるから、原則として認めるべきでないとの意見もあります（北野俊光「面接交渉権」村重慶一編『現代裁判法体系(10)親族』265頁）。しかし、そのような場合であっても、子の福祉の観点から面会交流を制限することについては慎重に考えるべきでしょう。

（有吉雅子）

事例7　再婚が問題となるケース(1)──監護親の再婚

　3年前に父母が離婚し、親権者を母と定め、父は子らと月1回程度の面会交流を順調に実施していました。しかし、1年半ほど前から面会ができなくなることが増え、1年前に母が再婚し、再婚相手と子らが養子縁組をしたことをきっかけに、母が父と子らとの面会を拒否し、面会交流ができなくなってしまいました。再婚したときから、子らを含めた4人で生活し、子らと再婚相手（養父）の関係も良好なようです。

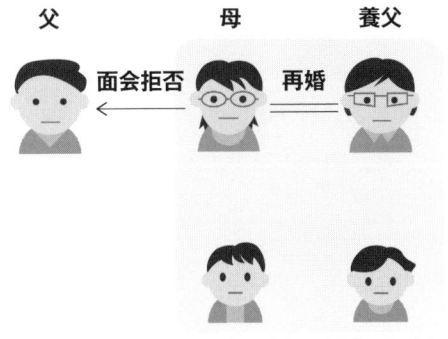

　父は子らとの面会交流を求めて、母と養父を相手方として、子らとの面会交流調停を申し立てました。

> **Q1　監護親である母が再婚したり、子らが母の再婚相手と養子縁組をした場合、このような環境の変化は、非監護親である父と子らの面会交流の可否に影響するのでしょうか。**

　A1　子らにとって、母の再婚、再婚相手との養子縁組、それに伴う養父との生活の始まりは、新たな家族関係が構築される大きな環境の変化です。子らの生活環境を守るという観点から、父との面会交流のあり方を再考することもありうるでしょう。

　従前は、監護親の再婚、再婚相手との養子縁組という事情があれば、子と非監護親との面会は制限されるという考え方も強くありました。

　この考え方では、子が新しい家庭に適応し、再婚相手との関係も良好であ

れば、再婚相手と非監護親との葛藤の渦中に子を巻き込み、平和な家庭生活に波乱を起こさせることになり、子の精神面における健全な発達を阻害させる危険があるから、子の利益にならないというとらえ方をしているようです（東京高決昭和40・12・8家月18巻7号31頁）。

　確かに、再婚家庭が平穏で、安定することは、子の福祉にかなうことであり、特に再婚家庭での家族関係ができつつある段階においては、父との面会交流について、より慎重な対応が求められることもあるでしょう。ただ、子らの生活環境を守るという点からすれば、父との面会によって、再婚家庭の平穏が害されるおそれがなく、子の心身に悪影響を及ぼす心配がないような場合にまで、父との面会を否定する必要はありません。子と父の面会が、再婚家庭の平穏を害することなく、子の健全な成長に資するのであれば、それこそ子の福祉にかなうともいえます。

　近時は、このような観点から、子と非監護親の面会交流の是非を検討するという考え方も多いようです。少なくとも、監護親が再婚をし、再婚相手と子が養子縁組をしたことが、それだけで、非監護親との面会交流を否定する理由にはならないと考えるべきではないでしょうか。

Q2　監護親が再婚をした場合に、子と非監護親の面会交流を認めている審判例はあるのでしょうか。

　A2　非監護親である父が、13歳の長男、9歳の長女との面会交流を申し立てた審判で、裁判所は、「離婚の経緯からすると、監護親が面接交渉の機会に非監護親と対面することを避けたい心情であることは理解しえないではなく、その後相手方B〔筆者注：監護親の再婚相手〕とC及びD〔筆者注：長男・長女〕が養子縁組をし、双方間に新たに親子関係が形成され、現在未成年者らが安定した生活を送っているとみられることからすれば、実父として我が子の無事な成長ぶりを確認したいという理由だけでは、相手方らの反

対の意向にかかわらず申立人の面接交渉を認めることが子の福祉を図るうえで必要不可欠な要請であるとまでは認め難い」としたうえで、長女について、年齢・心情等からすると、面会交流の内容・態様いかんによっては心理的な動揺や混乱を招くおそれがあることなどから面会交流を否定し、他方、長男について、両親の離婚や母の再婚についてそれなりに理解できる年齢に達していること、父と単独で面会できることなどから、年1回の面会交流を認めました（横浜家審平成8・4・30家月49巻3号75頁。本章Ⅱ④参照）。

　また、非監護親である母と子らとの月1回の宿泊付き面会交流が実施されていた事案で、裁判所は、父および養母が「その共同親権の下で未成年者らとの新しい家族関係を確立する途上にあるから、生活感覚やしつけの違いから、未成年者らの心情や精神的安定に悪影響を及ぼす事態はできるだけ回避されなければならず、宿泊付きの面接交渉は、そのような危惧が否定できないものというべきであるから、現段階においては避けるのが相当である」とし、毎月1回5時間の面会交流とするとして、面会交流の時間を減らしながらも、母と子らとの面会交流は認められるべきであると判断しました。また、この決定では、「今後、日帰りによる面接交渉が円滑に実施され、未成年者らに新しい生活習慣が身に付き、上記のおそれが払拭された時点で、改めて、宿泊付きの面接交渉の実施の可否が検討されるべきである」とも判示しています（大阪高決平成18・2・3家月58巻11号47頁）。

　これらの審判例からは、面会交流が子の福祉に与える影響を、子の年齢や成長度合いなどから個別具体的に検討し、面会交流の内容を工夫することによって、できる限り面会交流を認めようとしていることがみてとれます。

I 面会交流紛争事例 Q&A

> **Q3** この事例では、非監護親である父が、再婚した監護親である母と、子らとの養子縁組をした再婚相手（養父）に対して子らとの面会を求めていますが、面会交流は認められるのでしょうか。

A3 客観的な状況としては **Q2** で紹介した審判例（前掲横浜家審平成8・4・30、前掲大阪高決平成18・2・3）と類似の事案であり、長男（12歳）との面会交流を認める一方で、長女（6歳）との面会交流は否定するという判断もあるでしょう。

ただ、両親の離婚後も1年半の間、順調に面会を重ねていることからすると、父と子らとの関係は良好で、母と父との関係も深刻な対立状態にはないと考えられます。母と養父、父の配慮や、面会交流の内容や態様を工夫することによって、長女の心理的動揺や混乱を回避できる可能性が存するのであれば、長女との面会交流を認めることが相当と判断できる場合もあるでしょう。

いずれにしても、個別具体的な事情を基に、子らの福祉にかなうか否かという視点で検討することが必要です。

> **Q4** 子らが母の再婚相手と生活を共にしながらも養子縁組をしていない場合は、養子縁組をした場合と違いはあるのでしょうか。

A4 手続上、面会交流を求める調停を申し立てるにあたって、この事例のように、再婚相手が子らと養子縁組をしている場合には、母とともに親権者である養父も相手方として、事件の当事者の立場になります。他方、養子縁組をしていない場合には、再婚相手は面会交流を求める相手方にはなりません。

しかし、実質的にみれば、再婚相手は重要な立場にありますので、再婚相手が利害関係人として調停に参加することも、問題の解決に大きな意味があ

ることと考えられます。

　すなわち、子にとって、母の再婚相手は生活環境の大きな部分を占め、子が平穏な生活を送るために欠かすことのできない存在です。子は、母の再婚相手の意向や言動の影響を受け、あるいはその意向を慮って行動することも多いでしょう。母も、再婚相手と子との円満な関係を築き、再婚家庭の結びつきを強くしたいと願って、子に対する父の影響を排除したいと考えていることもあるかもしれませんし、再婚家庭に父が介入してくることについて、再婚相手に後ろめたく思う気持もあることが考えられます。また、母と父の協議によって面会交流の実施を合意したとしても、再婚相手が反対であれば、面会交流の実施が現実化しないおそれがあります。

　このように、母の再婚相手が、子と父の面会交流をどのようにとらえ、どのように対応するのかが、子と父の面会交流の可否を判断するための要素の一つになることも多いといえます。この点からすれば、実質的な面では、子と再婚相手が養子縁組をしているか否かによって、あまり大きな違いはないと考えられます。

事例8　再婚が問題となるケース(2)──非監護親の再婚

3年前に父母が離婚し、親権者を母と定め、父は子らと月1回程度の面会交流を順調に実施していました。しかし、父が1年前に再婚をして、そのことをきっかけに、母が父と子らとの面会を拒否し、面会ができなくなってしまいました。

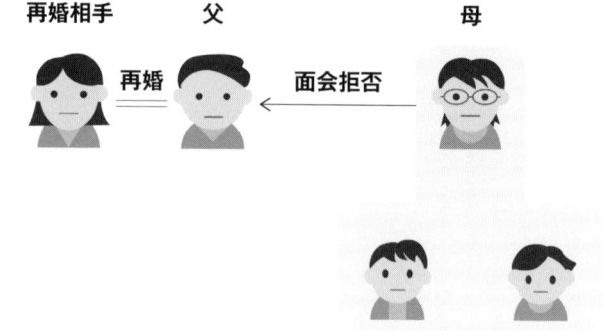

父としては、再婚しても、子らの父親として面会交流は続けたいと考えており、父は子らとの面会交流を求めて、母を相手方として、子らとの面会交流調停を申し立てました。

> **Q1** 非監護親である父が再婚した場合、父と子らの面会交流について、監護親である母は、どのように考えればよいのでしょうか。

A1　この場合も、子らの生活環境を守り、子らの福祉を第一とするという点に変わりはありません。

子らの生活環境という点では子らには変化はありませんし、子らにとっては、再婚をしても、たった一人の父親です。父と子らとの関係だけをみると、面会交流の実施に問題はないようにみえます。ただ、父が再婚した場合、子らの年齢や成長度合いによっては、父親が母親以外の女性と再婚したことを受け止められないことがあるかもしれませんし、子らが父の再婚に対

して複雑な思いを抱くこともあるでしょう。また、母としても、父が子らを再婚相手に会わせたり、再婚相手と子らとの関係を築き、新しい家庭に子らを取り込もうとすることを気にしたり、場合によっては、父が再婚したことを子らが知ること自体に拒否感をもつことも珍しくないと思います。

　しかし、母が、父の再婚を契機に子らとの面会交流をいっさい拒否することは、かえって、父が再婚家庭を優先し、子らのことを切り捨てたとの思いを子らに抱かせてしまうおそれがあります。

　ただ、子らや母の思いを無視して、父と子らの関係は変わらないのだから、面会交流を従前どおりに実施すべきというだけでは現実的ではありませんし、長い目でみれば、面会交流を継続できなくなってしまいかねませんので、代理人としては、**Q2**のとおり、父への働きかけもあわせて検討することが必要です。

Q2　面会交流の継続にあたっては、具体的に、父は、どのような点に留意すべきでしょうか。

　A2　子らの福祉にとっては、父との面会交流を継続することが望ましいと思われます。父としては、父の再婚に対する子らの思い、面会交流を実施することによる子らへの影響についての母の心配を汲み取ることが大切だといえます。

　具体的には、母の心情や子らの現状に応じて、母との間で、父の再婚を子らにどう伝えるかを相談したり、子らとの会話の中で父からは再婚家庭について触れない、父の自宅には連れて行かないなど、面会交流の際の注意点やルールを話し合ったうえで面会交流を実施する工夫が必要になるかもしれません。

（伊藤孝江）

I 面会交流紛争事例 Q&A

事例9 面会の実現に困難な事情があるケース(1)
―― 離婚時の有責事由（不倫）と激しい感情的対立

　子が3歳の時、父が不倫相手といっしょに暮らすために、子をおいて家を出ていきました。その後、母を親権者と定め離婚しました。

　父は、家を出ていって以降、子とは一度も会わず面会交流を求めることもありませんでした。ところが、最近、不倫相手だった女性と別れて一人暮らしをするようになり、子への面会交流を求めてくるようになったのですが、母は会わせたくありません。

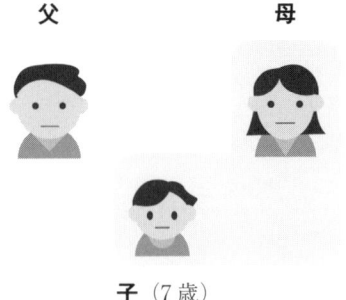

父　　　　母

子（7歳）

> **Q1** 監護親である母としては、不倫したあげくに妻子をおいて出ていった無責任な非監護親である父をどうしても許せません。
> 　それに、離婚後、子のことについていっさい連絡をよこしませんでした。今回、父から突然面会交流を求めてきましたが、不倫相手と別れた途端に面会交流を求めてきたものであり、いずれまた自分の都合で面会交流を実施しなくなるでしょう。父の身勝手な振る舞いに子が振り回されることになるのでは、かえって子がかわいそうです。
> 　こんな無責任で自分勝手な父親にはどうしても子を会わせたくないのですが、こんな父親でも面会交流は認められるのでしょうか。

　A1　面会交流はあくまで子の福祉を最優先に判断されますから、面会交流を認めることが子の福祉に反するという事情がない限り、面会交流は認め

事例9　面会の実現に困難な事情があるケース(1)

られることになります。

　夫婦の問題と子との面会交流は別の問題ですから、離婚時に有責であったとしても、それだけでは子との面会交流を拒絶する理由にはなりませんし、これまで面会交流を求めていなかったとしても、それだけで直ちに面会交流が否定されることにならないでしょう。

　離婚時の経緯のため、離婚後も父母間に感情的対立が残っているケースは少なからずあります。かつては、父と母の感情的対立が激しい事案では、面会交流を認めると、子が再び父と母の紛争に巻き込まれるおそれがあるとして、面会交流を否定する例も散見されました。

　しかし、現在の家庭裁判所では、子の健全な成長のためには非監護親との面会交流が必要であると考えられていますので、子に対する虐待など面会が子の福祉に反する事情がない限り、面会交流を認める可能性が高いでしょう（第1章Ⅲ参照）。

　もっとも、たとえば、それまでの子と父のかかわりが薄く父子関係が確立できていないような場合など、いきなり子と父の単独面会を認めることが難しいような場合は、まずは試行的面会交流（第2章Ⅴ3(1)(ウ)、第3章Ⅰ2(1)(ウ)参照）を試みたり、面会の時間を短くする、回数を少なくするなどの一定の配慮を求めることは可能です。

　また、面会交流に関しては家庭裁判所調査官による調査（調査官調査。家事事件手続法58条）が行われることもあります（第3章Ⅰ2(1)(イ)参照）。調査官調査の内容に当事者の意向が反映されることもありますので、母も、具体的にどのような不安を抱いているのか（たとえば、子と父の関係、父の生活環境、または父がどのような面会交流を予定しているのかなど）を調停委員や家庭裁判所調査官に積極的に伝えるようにするとよいでしょう（第2章Ⅴ3(1)(ア)参照）。

　そのうえで、具体的な面会交流の方法や条件を盛り込んだ調停をすることが望ましいでしょう。

　このような両親間の感情的対立の激しい事例では、調停が成立せず審判に

なってしまうこともあります。最近の家庭裁判所の傾向からすると、審判になれば面会交流を認める可能性が高いと考えられますが、面会交流に一定の条件が付される例も少なくありません。

　父が約束を守らなかったり、子の気持を無視するような振る舞いを繰り返すような場合には、面会交流時に母や第三者を立ち会わせるなど、面会交流の方法に一定の条件が付されたり、子が一定の年齢になるまで面会交流を制限する、というような判断がなされる可能性もあります。

　したがって、母も、面会交流そのものを拒否するだけではなく、母がどのような不安を抱いているのか具体的に説明するとともに、どのような条件であれば面会交流を実施できるのか、積極的に案を出していくべきでしょう。

Q2　子は、突然父が出て行った後、精神的に非常に不安定になりました。最近、ようやく落ち着いて生活を送れるようになったばかりです。
　　母としては、面会交流を実施すると再び子が不安定な精神状態になる可能性が高いと思うので、今は面会交流を実施することは、子のためにならないと考えているのですが、このような場合でも面会交流は認められるのでしょうか。

　A2　前述のとおり、現在の家庭裁判所は、非監護親と定期的に会うことが子の福祉にかなうという考え方をもっています。子は、両方の親と定期的に会うことで、両方の親から愛されていることを実感でき、そのことが子の自信や安心感につながると考えられているためです。

　したがって、この事例のようなケースでも、単に「子が精神的に不安定になる可能性がある」というだけで、家庭裁判所が面会交流を否定することはほとんどなく、家庭裁判所は面会交流を認める可能性が高いと考えられます。

もっとも、子が病気で、面会交流が子の治療の妨げになったり、子の症状を悪化させる具体的なおそれがあるといった特別の事情がある場合は、子の福祉の観点から面会交流が制限されたり、面会方法にさまざまな条件が設けられることもあります。

　このようなケースでは、子の意向を確認するため、家庭裁判所調査官による調査（調査官調査。家事事件手続法58条）が行われることが多いです（第3章Ⅰ2(1)(イ)参照）。調査官調査を通じて、子自身が、どのような意向を有しているのか、どのような精神状態なのかを把握することも大切です。そして、面会交流の内容についても、詳細で周到な実施要領をつくるなどして、子の不安を軽減するようにする必要があります。

　子との面会交流については、調停で話し合いができることが望ましいですが、調停が成立しなければ審判になってしまいます。

　そのようなケースでは、審判になった場合のことも考えて、面会交流の実施が難しいと考える具体的な事情・根拠を伝え、面会交流にあたって母の希望する条件などを積極的に家庭裁判所に伝えるべきでしょう（第2章Ⅴ2(4)参照）。

事例10　面会の実現に困難な事情があるケース(2)
　　　　　──父の母に対するDV

　父が母に暴力を振るっており、子の生後3カ月頃に母が子を連れて福祉施設に避難し、別居しました。その後、母が離婚を求めて調停を申し立てましたが、父が応じず離婚訴訟に移行しました。離婚訴訟の中で、協議離婚をする旨の訴訟上の和解が成立し、親権者を母と定めました。

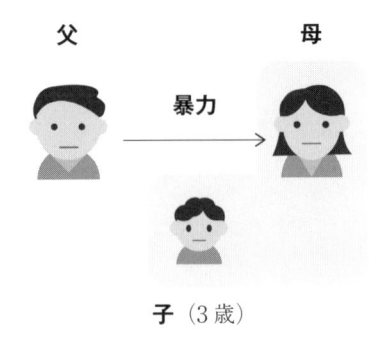

　その後、父が面会交流を求めてきました。

> **Q1** 非監護親である父は、婚姻中、母に暴力を振るった過去があるのは事実ですが、現在は過去の暴力を反省し、子に会いたいと思っています。このような場合、面会交流は認められるのでしょうか。

　A1　母に対するDVがあったからといって、それだけで面会交流が否定されるわけではありません。

　面会交流はあくまで子の福祉のために認められるものですから、子の福祉の観点から「子のためにならない」と判断されない限り、面会交流は認められるでしょう。

　このような家庭裁判所の姿勢には批判もありますが、できる限り子と非監護親との面会交流は認めるべきというのが現在の家庭裁判所の考え方です（第1章Ⅲ参照）。母に対するDVがあった事例でも、面会交流が子自身に悪影響を与えるなどの特別な事情がない限り、面会交流は認められる可能性が高いと考えたほうがよいでしょう。

事例10　面会の実現に困難な事情があるケース(2)

　この事例のように、子が暴力を受けておらず、暴力を目の当たりにすることもなかったような事例では、面会交流が子の福祉に反することになる特段の事情のない限り、面会交流は認められる可能性が高いと考えられます。

Q2　父の面会交流の求めに対し、母は「母自身の父に対する恐怖心」を理由に、面会交流を拒否しています。このような場合、面会交流は認められるのでしょうか。

　A2　面会交流の判断にあたっては、子の福祉が最も優先されますので、母が面会交流を拒否したからといって、面会交流が認められないということにはなりません。

　ただし、円滑な面会交流の実施のためには、父にも母の不安を払拭する努力をする必要があるでしょう。実際の調停例でも、父が自分の面会交流の希望ばかり主張したり、母の対応を非難することに終始したため、母の態度を硬化させ、面会交流の実施が遠のくケースも散見されます。

　審判例でも、母が父の暴力のために子を連れて別居し、父に対して強い恐怖心を抱いて所在を隠している事例で、「暴力について反省し、相手方〔筆者注：母〕の恐怖感を和らげるような行動が十分にとられているとは認めがたい」として、面会交流の申立てを却下した例もあります（横浜家審平成14・1・16家月54巻8号48頁。本章Ⅱ⑥参照）。

　子が幼い場合、面会交流の実施のためには、母の直接・間接の協力が不可欠ですので、父には、母の不安に真摯に耳を傾け、柔軟に対応する姿勢が必要です。

> **Q3** 母は、父の暴力から逃げるために、別居・離婚に至りました。このような場合でも、母は面会に協力しなければならないのでしょうか。

A3 近年の家庭裁判所の傾向からすると、母に対するDVがあったとしても、それだけでは子との面会は否定されず、面会が子の福祉に反する特別な事情がない限り、面会は認められる可能性が高いと考えたほうがよいでしょう。

さらに、面会実現のため母にも一定の協力をすることが期待されることもあります。

たとえば、子の引渡しのため、父と顔を合わせることになる可能性もありますし、子が幼く単独での面会が難しいような場合には、事実上母自身が面会に立ち会わざるを得ないということもあり得ます。

ただし、母が暴力の被害から立ち直っておらず、父と顔を合わせることが困難な場合、母以外の第三者の立会いを認めてもらうなどの条件を付けてもらうことは可能でしょう（たとえば、PTSD（心的外傷後ストレス障害）による治療中である旨の診断書を提出するような場合もあります）。

調停でも、母自身は面会に立ち会うことなく、母の指定する第三者の立会いなどの条件を調停条項に盛り込む事例も少なくありません。

調停で話し合いがつかず審判に至る事例でも、子の福祉に反しない限り面会自体は否定されませんが、面会に際して「第三者の立会い」を条件にする例もあります。

なお、高等裁判所の抗告審判例の中には、原審が面会を認めて、子の受渡方法として「監護親は面会の開始時間に受渡場所において非監護親に未成年者を受渡し、非監護親は終了時間に受渡場所において監護親に未成年者を受け渡す」と定めたケースで、原審には「頻度等、受渡場所、受渡方法について審理不尽がある」として、原審に差し戻したものがあります（東京高決平

成25・7・3判タ1393号233頁)。この判例は、「監護親が、同居中に行われた非監護親の暴力や言動を理由に、非監護親に対する恐怖心を強く主張している本件において、未成年者の送迎時に非監護親と顔を合わせるような受渡方法は、かなり無理がある。また、非監護親が監護親に対する暴力を否定していない本件においては、第三者機関の利用等を検討することがまず考えられるべきであるし、その場合、仲介費用等の面で問題があれば、未成年者が一人でも行くことができる受渡場所の設定を検討したり、未成年者が信頼できる第三者を介したりすることも検討すべきと考えられる」としており、面会交流における第三者機関の利用を検討すべき事例があることを明確に認めています。さらに、この判例は「当事者双方が未成年者の現状を踏まえた上で具体的な実施要領を策定するのが相当」であり、調査官調査にあたって、面会要領策定に必要な子の心情に対する詳細な調査を要求しています(なお、以上の判決中の「抗告人」「相手方」「申立人」等の当事者の表記は「監護親」「非監護親」等に置き換えています)。この判例がすべての事例にあてはまるわけではありませんが、父母間のDVがあった事例では参考になるでしょう。

Q4 父からひどい暴力を受けていたので、母自身は、とても父に顔を合わせることはできません。母の周囲には面会交流に協力してくれるような親族や友人がいないのですが、このような場合、どのようにして面会を実施したらよいのでしょうか。

A4 母が直接面会交流に協力できない事情がある場合、弁護士などが子の引渡しを仲介するケースや面会の立会いをするケースもあります。

また、公益社団法人家庭問題情報センター(通称FPIC)など、面会交流に協力してくれる第三者機関もあります(第3章Ⅱ、Ⅲ参照)。

ただし、これら第三者を介在させるためには一定の費用が発生しますし、それぞれの第三者機関には、利用するためにさまざまな条件があります。

どのような費用が発生するか、その費用をどちらがどれだけ負担するか、第三者機関利用のためにどのような条件が必要かなどを調べたうえで、調停中に当事者双方だけでなく、第三者機関側とも話し合いをしておく必要があるでしょう。

コラム　親のDVが子に与える影響

　子自身が暴力の被害者になっていない場合でも、家庭内での暴力の存在は子に大変な影響を与えています。

　生後間もない子の場合であっても、両親の争う声や暴力を振るわれている様子は、子に多大なストレスを与えてしまいます。

　幼児以降の年齢であれば、子への影響はなおさら深刻です。父が母に暴力を振るっていた場合、子は、母に暴力を振るった父を激しく憎む一方で、父への愛情もあるため葛藤に苦しみます。父が母に暴力を振るうのは自分のせいだと考えたり、暴力を止められなかったことで自分を責めたりすることもあり、父から母への暴力を目の当たりにした子は、極めて複雑な心理的問題を抱えています。

　たとえ、子の目の前で暴力を振るっていなかったとしても、子は家庭内の緊張状態を敏感に察知し、物音や両親の様子などからDVの存在に気が付いているものです。しかし、親が子に暴力を気づかせたくないと考え、暴力がないように振る舞っていることから、子は暴力のことを話してはいけないと考えて、誰にもその話をしないようにすることも多いようです。

　暴力がなかったように振る舞う母親を気遣い、暴力に気が付いていないふりをすることもあります。

　また、DVを目の当たりにしていた子が、落ち着きがなくなって学校で問題行動を起こすようになったり、子自身が周囲の人に暴力を振るうようになることもあります。これは、暴力を日常的に目にしていたため、常に心に不安を抱えていたり、子自身が「暴力はいけないことだ」と認識できていなかったりするための反応だと考えられています。

　これらの子に対する影響は、両親の別居後、生活が安定した後に初めて現れることもあり、暴力に晒されたことによる影響は、複雑で、かつ、極めて深刻です。

事例11 面会の実現に困難な事情があるケース(3)
―― 父の母・子に対する DV

　父と母は、父の暴力が原因で裁判離婚をしました。婚姻期間中、父の暴力で母が複数回骨折を伴う大けがをしました。また、子も一度父に突き飛ばされ骨折したことがあります。

　母は、父に対する恐怖心が強く、離婚をした現在も、父に住所を知られることを拒否しています。

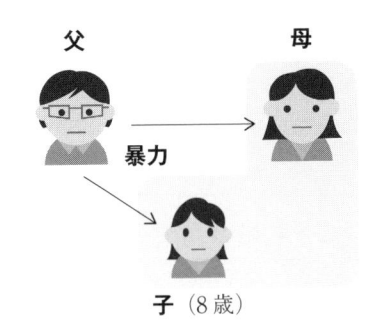

　このような中、父が子との面会交流を求めて調停を申し立てました。

> **Q1** 非監護親である父としては、子に対して暴力を振るってしまったことは心から反省し、二度と子に暴力を振るうつもりはないのですが、監護親である母は「子どもが会いたがらない」と言って、会わせてくれません。このような場合、面会交流は認められるのでしょうか。

　A1　面会交流が認められるかどうかは、子の福祉を最優先に判断されるものですから、面会が子のためにならないと判断されれば、面会は認められないでしょう。

　父に暴力を振るわれていた子が、父に対する恐怖心を抱くのは当然のことです。また、子自身への直接的な暴力がなかった場合でも、暴力を目の当たりにした子が、父に対して恐怖心や嫌悪感を抱くことは十分あり得ます。子にとって、本来安全な場所であるはずの家庭内での暴力の存在は、子の心理に重大な影響を与えていますので、この影響を軽くみることは適切ではあり

ません。

　父の暴力が原因で、子が父に恐怖心や嫌悪感情を抱き、子が本心から父との面会交流を拒絶しているのであれば、たとえ面会交流の調停・審判を求めても、面会交流の実施は難しいでしょう。

　もっとも、「会いたくない」というのが子の真意かどうかは、慎重に判断する必要があります。

　面会交流調停の中で、子の真意の把握のため、家庭裁判所調査官による調査（家事事件手続法58条）を求めることもできます（第3章Ⅰ2(1)(イ)参照）。

Q2　面会交流ができないとしても、父としては、何とか子の様子を知りたいのですが、直接の面会以外に、何か交流をする方法はないのでしょうか。

　A2　直接の面会交流は無理でも、手紙での交流や、子を監護している母から、子の成績表や写真などを送ってもらうなど、直接面会する以外の交流が認められるケースもあります。

　子自身が父との面会交流を拒否しているなど、面会交流の実施が難しいケースでは、直接面会する以外の方法による交流を求めることで、父が、子の成長の様子を見守ることができる可能性はあるでしょう。

Q3　父が子との面会を求めているのですが、父は過去の暴力についての反省が全くなく、ただ「子に会わせろ」と要求するばかりで、母は、このような父と子の面会交流を実施することに強い不安があります。このような場合、面会交流は認められるのでしょうか。

　A3　父が、子に再び危害を加えるようなおそれがある場合や子の連れ去りをするおそれが具体的にある場合など、子の福祉に反する事情があるとき

は、面会交流が否定されることもあるでしょう。

　もっとも、母に、父と子との面会交流の実施について不安があるというだけでは、面会交流を否定する理由にはりません。子の成長過程において、父との継続的な交流は、非常に大きな意義があり、面会交流を認めるほうが子のためになると考えられているためです。

　したがって、母としては、「不安がある」というだけではなく、具体的にどのような不安があるのか、特に父が子に危害を加えるのではないかと思うような具体的な事情があるのであれば、その具体的事情を家庭裁判所にも伝えておく必要があるでしょう。

（濱﨑千草）

I 面会交流紛争事例 Q&A

> **事例12** 祖父母との面会が問題となるケース

　父と母は2年前に離婚し、母が親権者として子と生活しています。父は、子が成長して、自ら父との面会を求めたときに会いたいと考えており、現在は、養育費は支払っているものの、特に面会交流を求めていません。

　父と母は共働きだったため、近くに住む父の両親（祖父母）が、幼稚園や習い事の送迎を手伝ったり、父も母も帰宅が遅くなるときには、どちらかが帰宅するまで祖父母の家で時間を過ごすなど、祖父母が子の面倒をみる機会もあって、子も祖父母を慕っていました。

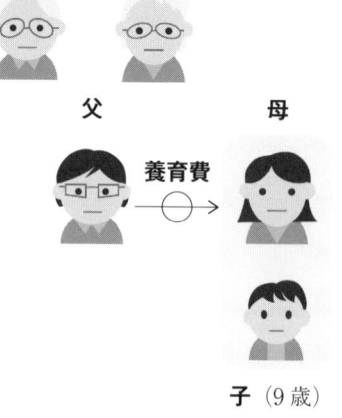

　しかし、離婚を機に祖父母は子と会えなくなってしまいました。祖父母としては子に会いたいという気持が強く、子が成長するまで会わないということには納得できません。母に連絡をとり、子に会いたい旨を伝えましたが、会わせることはできないと言われてしまいました。

Q1　祖父母としては、子に会うためには、監護親である母と直接交渉を行うしかないのでしょうか。

　A1　子にとって、どのように母以外の親族との交流をもつのがよいのかということは、祖父母だけでなく、父と母とで考え、協議することが望ましいと思われます。特に、父と母の関係が深刻な状態にあるような場合、祖父母が、母に直接、子との面会交流を求めることによって、父と母の関係をさらに悪化させてしまうことも考えられます。父と母の紛争に、祖父母まで加

144

わって激しい紛争を生じさせてしまうようなことは、子にとって望ましくないでしょう。

祖父母としては、父と子の関係や父と母の関係などにも配慮しながら、まず父との間で、子と面会交流を行いたいことを母と協議してほしい旨、よく話し合うことが大切ではないでしょうか。

また、父が子との面会交流を実施できる可能性が高いと考えられる場合などは、父が子と面会交流を行い、その機会に祖父母も同席するという方法も考えられます。

Q2 協議で解決できない場合、祖父母は、面会交流を求めて、家庭裁判所に調停を申し立てることはできるのでしょうか。

A2 祖父母が、母を相手方として、子らとの面会交流を求めて調停を申し立てることは可能です。

家事事件手続法244条の「家庭に関する事件」について、「①親族又はこれに準ずる者の間という一定の身分関係の存在、②その間における紛争の存在、③人間関係調停の要求（余地）の存在の要素を備えているものをいう」（秋武憲一編著『概説家事事件手続法』272頁）とされていることからすると、この調停は家事調停として扱われることになります。

Q3 仮に調停が不成立となった場合、審判の手続がなされるのでしょうか。

A3 祖父母が面会交流の主体たりうるか、つまり、祖父母が面会交流を求める審判の申立人となりうるかという点については、学説においてもさまざまな見解がみられるようです。

法的根拠の有無という観点から、祖父母を含むきょうだい等の親族などの

両親以外の第三者について、明文の規定がない以上、面会交流の主体になることはできないとする見解もありますが、他方、祖父母等の第三者も、監護者たる資格を有すると解され、第三者にも子の監護に関する処分事件の申立てが認められることから、祖父母も面会交流の主体となりうるという見解もあります（島津一郎＝阿部徹編『新版注釈民法⑵親族⑵離婚』143頁以下、棚村政行「祖父母の面接交渉」野田愛子ほか編『家事関係裁判例と実務245題』192頁、冨永忠祐編『子の監護をめぐる法律実務〔改訂版〕』218頁以下）。

　また、面会交流の権利性や性質と関連づけて考える見解も多いようです。

　これによると、面会交流を親の権利であると位置づける立場からは、祖父母等は面会交流の主体になることはできないと考えられやすくなります。他方、面会交流を子の権利であるということに重点をおく立場からは、明文の直接の規定はなくても、一定範囲の者に、子の利益の観点から面会交流を認めることは可能であるという結論を導きやすくなります。このような見解として、親と同視しうるような実質的関係をもち、かつ面会交流を認めることが子の利益になることを積極的に証明した祖父母等に、民法766条を類推適用して認めるという見解があります。

　近時は、この見解のように、少なくとも祖父母やきょうだいについては、面会交流の是非につき、積極的に解する見解が有力になりつつあるといわれています。

　この見解からは、この事例でも、祖父母との面会交流が子の利益になり、監護関係の安定に資するなどの事情が認められれば、子との面会交流が認められる可能性はあるということもできるかもしれません。ただ、母が面会交流を拒否し、父も祖父母の面会交流に非協力的な対応をとっている状況を踏まえると、あえて祖父母の面会交流を認めることが子の利益になるのかなど、より慎重に判断する必要があると思われ、面会交流を認めることは相当ではないとも考えられます。

> **Q4 実際に、祖父母の面会交流が認められた審判例は、あるのでしょうか。**

A4 祖父母が子を養育していた事案で、子の引渡請求の経過措置としてであり、継続的な面会交流を認めたものではありませんが、祖父母に対して、親権者に子を引き渡せとの決定とともに、親権者に対し、子の引渡しを受けた後2カ月以内に一度子を祖父母宅に宿泊させ、祖父母に面会交流させよとの決定がなされた審判例（東京高判昭和52・12・9家月30巻8号42頁）があります。

（伊藤孝江）

Ⅱ　面会交流をめぐる審判却下事例

　ここでは、面会交流を認めなかった事例として、平成以降の家庭裁判月報に掲載されている審判例を概観してみます。

　全体を通じてうかがえるのは、子が幼く面会交流の実施には監護親と非監護親の協力が不可欠なケースにおいて、DVや心理的対立の激しさ等から当事者双方の協力が非常に困難と思われる場合には、面会交流の申立てが認められない傾向にあるということです。

　ただ、裁判所から一応のルールが提示された場合には、このルールの遵守を拒否するとすれば、非監護親については以後の面会交流が困難になると考えられます。また、監護親については親権者としての適格性を問題とされると考えられます。このため、裁判所から一応のルールが提示されれば双方ともそれなりの自制が働くと思われますので、一見困難に思える場合においても、面会交流が実現する可能性がないとはいえません。

　したがって、面会交流を積極的に認めていこうとする裁判所の最近の方向性からすると、従来は面会交流の実施は困難であるとして面会交流が認められなかったような事例においても、面会交流が認められる可能性が大きくなるように思われます。また、直接の面会交流が認められない場合でも、電話や手紙、写真のやりとりなどの間接的な面会交流が認められる場合が多いのではないかと思われます。

　もっとも、家庭裁判所調査官の注意を無視し続けるなど、裁判所がルールを定めたとしてもその遵守を期待できないと判断される場合には、従来と変わらず、子の福祉を害する可能性が高いとして、面会交流は認められないのではないかと思われます。

　以下、14件の審判例の特徴をご紹介します。

1 子らの年齢、両親が別居・離婚に至った経過、両親の現在の対立状況等から、現時点における面会交流は時期尚早であり、子が成長し面会交流を望む時期を待たせることが望ましいとして面会交流を認めなかった事例（大阪家審平成5・12・22家月47巻4号45頁）

事案の概要 父（非監護親）に暴力を振るわれていた母（監護親）が2歳の長女と生後7カ月の長男を連れて実家に戻ったところ、その3カ月後に夫は子らを連れ出した。さらに、その3カ月後には父を親権者とする協議離婚届が出されるとともに、子らは父によって児童養護施設と乳児院に預けられた。そこで、母が離婚無効確認請求訴訟を提起するとともに人身保護請求を申し立て、連れ出しの6カ月後に、合意に基づき、子らは母の元に戻った。

その後、離婚無効確認請求訴訟の係属中に、父が子らとの面会交流を求める申立てをした。

審判の要旨 裁判所は、現在子らは母と同居してその監護養育を受けており、その生活状況には特に子らの福祉に反する問題は認められないとした。

そして、子らの年齢、父の離婚歴や母との別居・離婚に至った経過、父および母の生活状況、現在父と母との間で離婚無効確認請求訴訟が係属中であることその他諸般の事情を考慮すると、今直ちに父が子らと面会交流をすること（電話による対話・物品の授受を含む）を認めるのは、やや時期尚早であり、子らがあと数年成長後に父を慕って面会交流を望む時期を待たせるのが、子らの福祉に適当であるとして、父の申立てを却下した。

しかし、母においても、父との離婚無効確認請求訴訟の結末がどうなるにせよ、父は申立人のほかになく、かつその健全な成長のためには、父の愛情も母のそれに劣らず必要であることに思いを致し、子らの監護養育について関心を寄せる父の心情も理解し、時に応じ子らの発育状態について自発的に親書または写真を父に送付するなど、きめ細かい配慮をすることなどが望ましい。父がこれに応えて子らおよび母を励まし、適切な助言協力を惜しむべきでないことはいうまではないとした。

この事案においては、父母間で現在も離婚無効確認請求訴訟が係属中であり、いまだ対立が激しいこと、子らと非監護親は、面会交流を行うためには飛行機を利用しなければならない程度の遠隔地に居住していたようであり、

Ⅱ　面会交流をめぐる審判却下事例

子らが単独で非監護親に会いに行くのは困難な年齢であったこと（審判当時、長女は4歳、長男は2歳でした）、そして、両親とも経済的に余裕があるとはいえず面会交流に伴い必要となる費用の捻出は困難と思われる状況にあることなどが重視されたのではないかと思われます。

② 一貫して面会交流を拒否する子の意思を尊重すべきであるとして面会交流を認めなかった事例（東京家審平成7・10・9家月48巻3号69頁）

事案の概要　母（監護親）は、アメリカ合衆国テキサス州において同州の法令に従って父（非監護親）と結婚し、子（女児）をアメリカで出産したが、子が1歳7カ月の時に父と離婚し、以後、子を監護していた。そして、子が6歳の時、母は裁判所の許可を得て子を連れて日本に移住し、以後、母と子は日本に居住している。

なお、離婚後の父と子の面会交流状況は不明だが、子が日本に移住して以降は、面会交流は行われていないと思われる。

子が10歳の時、父が日本人弁護士を伴って、突然、子の通学する小学校を訪れ子との面会を求めるということがあり、子が12歳の時、父は子との面会交流を求める申立てをした。

しかし、子は、父との面会拒否の意思を鮮明にし、調停において実施された試行的面会交流においても、父を拒絶する態度を崩さなかった。

審判の要旨　裁判所は、子が父との面会に一貫して拒否的であり、試行的面会交流においてもその態度が変わらなかったことから、このような状況の下で子の意思に反する面会交流を認めることは本人の情操を著しく害し、子に過大な精神的苦痛を与えることになり、子の福祉や利益に反することが明らかであるとして、面会交流を認めなかった。

そして、母が子に対し、父とは会いたくないと言わせるように仕向けているとか父に対する復讐の気持から子に父に対する嫌悪感を植え付けたとの父に主張に対しては、仮にそういうことがあるとしても、子はすでに13歳で自分の意思を明確に表現できるうえ、裁判所において父の同席しない場所で子に真意を確認した際にも、父には会いたくない旨の意思を明確にしているから、子の意思を尊重すべきであると判断した。

裁判所は、仮に子が母から父に対する嫌悪感を植え付けられていたとしても子の意思を尊重すべきと判断しています。しかし、子の健全な成長のためには非監護親の愛情も必要であることからすれば、子の非監護親に対する嫌悪感を増すような言動を控えたり、将来の面会交流に向けて手紙のやりとりをするなど、監護親に対して配慮を求めるのが適切な場合もあるでしょう。

③ 幼年の子の情緒面に配慮して面会交流を認めなかった事例（岐阜家大垣支審平成8・3・18家月48巻9号57頁）

事案の概要 母（監護親）は、父（非監護親）が結婚後も別の女性との交際を継続していたことから、子（女児）が1歳の時に、離婚を求めて家出し、いったんは戻ったものの半年で再び別居し、子が2歳4カ月のときに離婚した。

離婚時に、母は、1カ月に1回、土曜日の夕方から日曜日の夕方まで父は子と面会できる旨の合意をした。そして、離婚直後の2カ月は約束どおりの面会交流が行われたが、面会交流後、わがままになったり泣きやすくなるという様子が子にみられ、また、父の実家に連れて行かれた時にはすぐに玄関に走って「早く帰りたい。ママに電話して」と言うこともあったため、母は3カ月目の面会交流を拒絶した。

そこで、父が面会交流を求める申立てをした。

なお、父は、面会交流の拒絶に対して、夜中に母のアパートを訪ねてきて激しく母を呼び、ドアを叩くなどし、その翌日には駐車場で母を待ち伏せ路上で母を大声でなじったりしている。

審判の要旨 裁判所は、子が3歳と幼年であり、これまで母から一時も離れることなく成育されてきたものであって、母の手から離れ、異なった環境の中で父と時間を過ごすことは子に少なからぬ不安感を与えるものであると思え、現に、面会交流後には子に情緒不安定な兆候がみられることを考えると、現段階で面会交流を認めることには躊躇せざるを得ない。母が父にビデオや写真を送付する等して子の状況を知らせる程度にとどめるのが相当であるとして申立てを却下した。

この事案において当初なされていた面会交流は、監護親から離れ、宿泊を

伴って丸1日非監護親と過ごすという内容でした。3歳という子の年齢からすれば、監護親から離れ、このような長時間かつ宿泊を伴う面会交流の後は、情緒不安定な兆候がみられることもやむを得ないように思われます。

この事案においても、監護親の同席を条件としたり、時間を短くしたり、面会場所を子にとってなじみのある場所にするなどの工夫を行えば、面会交流が実現する可能性が生じたようにも思われます。

4 **子の年齢、心身の成長状況に応じて面会交流の内容・態様について配慮をすべきであるとして、13歳の長男については面会交流を認める一方、9歳の長女については面会交流を認めなかった事例（横浜家審平成8・4・30家月49巻3号75頁）**

事案の概要 父（非監護親）が転職を繰り返し経済的に不安定であったこと、同居していた父の母親との折り合いが悪かったことから、母（監護親）は、長男10歳、長女6歳の時に父と離婚した。母は、離婚後に知り合った男性と同棲するようになり、離婚の6カ月後に当該男性と婚姻し、その1週間後に子らは当該男性（養父）と養子縁組した。その後、父が、面会交流を求める申立てをした。

他方、母と養父は、子らが落ち着いた生活を送っており、面会交流によって動揺させたくないとして面会交流に強く反対した。

父は、調停申立て後、母や養父の了解を得ないまま二度にわたって子らと面談し、その際、監護親である母らに面会の事実を秘匿するよう言っている。子らは、父と面談したことに心理的負担を感じていた。

審判の要旨 裁判所は、離婚の経緯からすると、母が面会交流の機会に父と対面することを避けたい心情であることは理解することができること、養子縁組により新しい親子関係が形成されて安定した生活を送っていることからすると、父がわが子の無事な成長を確認したいというだけでは、母と養父の反対の意向にもかかわらず、面会交流を認めることはできない。そして、9歳の長女については、まだ十分な分別心をもっていないとみられ、単独で面会交流させることには疑問が残ること、その年齢・心情等からすると、面会交

流の内容・態様いかんによっては心理的な動揺や混乱を招くおそれがあることなどから、監護親らの協力がなくとも非監護親との面会交流を肯定するのでなければ子の利益を保護するに十分でないというべき特別の事情が存するとまでは認められないとして面会交流を認めなかった。

　他方、13歳の長男については、監護親らの協力がなくても単独で非監護親との面会交流が可能であり、非監護親との離婚やその後の再婚につき子なりにその事情を理解できる年齢に達していることなどから、非監護親の求める年1回程度の面会交流によって子の福祉を害する結果を招くに至るとまでは認められないとして面会交流を認めた。

　面会交流に積極的な最近の流れにおいても、養親との関係から面会交流が認められないケースもあるとは思われますが、この事案のように年1回程度の面会交流であれば、監護親が反対しているとしても、長女の未成熟な点については監護親および長男の同席を条件とするという配慮をしたうえで、面会交流が認められる可能性もあるのではないかと思われます。

5　**接近禁止等仮処分決定がなされているにもかかわらず非監護親が子を奪取しようとするなどしたため父母の対立が顕著な状況下においては、面会交流を認めることはかえって子らの福祉を害するものといわざるを得ないとして面会交流を認めなかった事例**（東京家審平成13・6・5家月54巻1号79頁）

事案の概要　長男8歳、長女5歳、二男3歳の時、母（監護親）は父（非監護親）の暴力を理由に別居し、その約半年後に母を親権者として離婚した。

　別居後、父は、母や子らの居所を探し回り接近禁止等仮処分決定がなされたにもかかわらず、長男および長女の小学校の前で母を待ち構えたり、二男を母から取り上げて父母間の争奪の対象としたという経緯もある。

　このような経緯もあり、母は、父の追跡を逃れて各地の福祉施設を転々としていた。そして、父の要求する面会交流に強く反対している。また、家庭裁判所調査官による調査において、子ら（当時、長男9歳、長女6歳、二男4歳）は、現在の生活に満足しており、その生活の平和と安定が乱されるこ

とをおそれ、父への嫌悪感をはっきりと示す者もいた。
審判の要旨 子らの現在の福祉のため最も重要なことは、子らの健康と、平穏かつ安定した生活状況を保つことであるところ、父母の緊張関係は子らに強いストレスを及ぼしたことがうかがわれると指摘したうえ、対立顕著な状況下において面会交流を認めることはかえって子らの福祉を害するものといわざるを得ないとして面会交流を認めなかった。

面会交流に積極的な最近の流れにおいても、裁判所の決定に反するような行動をしたり、子を奪おうとするような親については、面会交流が認められるのは非常に難しいと思われます。

⑥ 暴力を振るっていた非監護親が真摯に反省し、監護親や子の立場に思いを致すことができるようになるまでは、面会交流は認められないとした事例（横浜家審平成14・1・16家月54巻8号48頁）

事案の概要 母（監護親）が父（非監護親）の女性関係を疑って問い詰めた際、父は、子（当時5歳）の面前で、手拳で母の顔面を多数回殴るなどの暴行を加えた。父はその後も2回にわたって母に暴行を加え、2回目の暴行においては子に母を殴らせており、母は肋骨骨折の傷害を負っている。また、父は、2回目の暴行の2カ月ほど前に、保育園においてけんかをして泣いていた子を突き飛ばして全治4週間を要する上腕部骨折の傷害を負わせている。

上記2回目の暴行の後、母は父の暴力に耐えかねて子を連れて家を出たが、その後も父に対して強い恐怖感を抱き、その所在を父に明らかにすることを強く拒む状況にあった。

その約2年後、父母は判決で離婚し、子の親権者は母となった。

父は子との面会交流を求める申立てを行ったが、このような経緯から、母は、面会交流はもとより父に所在を知られることすら強く拒んでいる。また、家庭裁判所調査官による調査では、子は父に対して強い恐怖感まではないものの怖いという感情を抱いており、積極的に父との面会交流を求める意思は確認できなかったとされている。

審判の要旨 父は母に対し繰り返し暴力を振るい骨折を伴うような重大な傷害を与えていること、これにより母は父に強い恐怖感を抱いており、そのよう

な感情を抱くことが不自然・不相当とはいえないこと、これに対し、父においては、暴力について反省し、母の恐怖感を和らげるような行動が十分にとられているとは認めがたいこと、子は父との接触を積極的に求めていないことから、現時点において面会交流を認めることが子の最善の利益に合致するとは認められず、面会交流を認めると子が再び両親の抗争に巻き込まれ、子の福祉が害される危険があるとして面会交流を認めなかった。

　この事案のように、監護親が非監護親の激しい暴力により強い恐怖心を抱いているうえ、非監護親が激しい暴力を子に目撃させたのみならず、子にまで暴力を振るわせたような場合には、非監護親が暴力を真摯に反省し、相手の立場に思いを致すことができるようになるまでは、真に子の福祉に資する面会交流が行われるか疑問が生じるところです。

　このため、面会交流に積極的な最近の流れにおいても、非監護親の態度に変化がみられない限り、子が相当程度成長して分別を備えるまでは、面会交流は認められるべきではないように思われます。

7　DV加害者に被害者や子に対する配慮がみられず、被害者も心理的手当てが必要な状況にある場合には、面会交流は認められないとした事例
（東京家審平成14・5・21家月54巻11号77頁）

事案の概要　母（監護親）は、婚姻後、間もなく父（非監護親）からたびたび暴力を受けるようになり、婚姻から1年7カ月後には、子が3カ月の時に、子を連れて家を出て支援施設に入所した。

　その後、母は、訴訟上の和解により、慰謝料等財産上の請求をしないこと、母を親権者とすること、当分の間、父は面会交流を求めないこととして協議離婚が成立した。

　父は、母が家出した約3カ月後から約7カ月間、DVに関する心理的な治療を受け、治療終了後もDV加害者を対象とするワークショップに参加するなどしていたが、暴力の原因・責任は母にもあると主張していた。そして、父は、協議離婚の際に合意した「当分の間」とは3カ月程度との趣旨だとして、母に対して、月1、2回程度の面会交流を求める申立てをした。

Ⅱ 面会交流をめぐる審判却下事例

　　　これに対して母は、父の暴力による影響からいまだ抜け出せずカウンセラーの治療を受けている状況であり、子本人が自らの判断で意思表示ができるまでは面会交流に応じられないと主張した。
　審判の要旨　父は、母に対する暴力を反省しており治療も受けているので面会交流に支障はないと主張しているが、現在でも加害者としての自覚は乏しく、母を対等な存在として認め、その立場や痛みを思いやる視点に欠け、また、子について情緒的なイメージを働かせた反応を示すこともない。他方、母はPTSDと診断され、心理的にも手当てが必要な状況にあり、面会交流の円滑な実施に向けて父と対等の立場で協力し合うことのできない状況にあるとして、現時点において間接的にも父との接触の機会を強いることは母に大きな心理的負担を与えることになり、結果、母子の生活の安定を害し、子の福祉を害するおそれが高いといわざるを得ないとして面会交流を認めなかった。

　この事案のように、暴力を振るった側がDVについて心理的治療を受けるなどしていても、いまだ、暴力の原因は相手方にあるなどと主張し、加害者としての自覚が乏しいことに加え、暴力を受けた側においても、いまだ心理的手当てが必要な状況にある場合は、面会交流に積極的な最近の流れにおいても、面会交流を認めるべきではないとの判断がなされると思われます。

8　**父母の対立関係が激しく早期の解消が期待しがたい場合には、面会交流の実施が子に精神的な動揺を与え子の福祉を害するとして、面会交流が認められなかった事例**（東京家審平成14・10・31家月55巻5号165頁）
　事案の概要　母（監護親）は、子を出産した後、同棲していた父（非監護親）と入籍したが、父は大声でどなりつけたり暴力を振うことがあり、育児にも非協力的であった。子が1歳になった頃、母は父と別居を開始したが、その後も父は母宅を訪れて大声を上げて暴力を振うことがあった。
　　母は、別居後まもなく離婚調停を申し立てたが不成立となったため離婚訴訟を起こし、1審で子の親権者を母とする判決が出た。しかし、父は上告までして争っている。

156

なお、離婚を認める1審判決の約2カ月半後には、父に対し接近禁止命令が出されている。
　　その約2週間後、父は、子との面会交流を求める申立てをする一方、嫡出否認の調停も申し立てた。
　　面会交流に関する調停は1回目で不成立となり審判へと移行したが、調停申立て以後、約10カ月間の間に10数回、父は子が通園する保育園を突然訪れた。その際、父は保育園側の指示に従わずに威圧的な態度で保育園側を困惑させたうえ、子に対してもその様子に配慮する心配りが乏しいため、父との面会交流後、子は精神的に不安定な様子を示すことが多かった。

審判の要旨　父母が別居中の場合も、子が別居中の親と面会交流の機会をもち、親からの愛情を注がれることは子の健全な成長、人格形成のために必要なことであるとする一方、真に子の福祉に資するような面会交流を実施するためには夫婦間の信頼・協力関係が必要であるとして、この事案では父の暴力等を理由とする離婚訴訟が係属中であるのみならず、保護命令が発令されており、父母は極めて深刻な紛争・緊張状態にあること、従来の経緯からこの対立状況が早期に解消されるとは期待しがたいこと、保育園における父の面会交流の強行は一方的で配慮を欠き、子も面会交流後精神的に不安定になっていること、父は嫡出否認の調停を申し立てており、父親としての純粋な愛情に基づく面会交流の実施を期待できるのか疑問であることを指摘して、このような状況で面会交流を行えばまだ2歳の子に精神的な動揺を与えることは避けられず子の福祉を害するとして面会交流を認めなかった。

　この事案のように、父母の対立関係が激しい状態にあり、調停中に一方的で強引な面会交流を実施するなど面会交流に関する合意の遵守が期待できないうえ、親としての愛情から面会交流を求めているのか疑問が生じるような場合は、面会交流に積極的な最近の流れにおいても、面会交流が認められるのは困難であると思われます。

9　**家裁調査官の指摘を無視して強引な面会交流を続けるなど、面会交流は子の福祉にかなうものでなければならないという視点が非監護親には欠**

けているとして、面会交流が認められなかった事例（福岡高那覇支決平成15・11・28家月56巻8号50頁）

事案の概要 両親は長男5歳、長女2歳の時に、親権者を母（監護親）として離婚し、以後、子らは母が監護養育していた。そして、離婚の約1年後、月1回面会交流を行う旨の調停が成立したが、実際には、父（非監護親）の都合により、不定期な面会交流が繰り返されていた。そして、長男が中学1年生の夏の面会交流の際、父は、長男の成績が下がったことや勉強時間が短いことなどについて厳しく叱責したこともあり、母は面会交流を拒絶するようになった。

これに対して、父は、2カ月間面会交流が実施されていないとして履行勧告の申立てを行ったが、その中で、父は、家庭裁判所調査官とその月の面会交流は控える方向で調整していたにもかかわらず、バス停で長男を待ち伏せし、学校まで同行することがあった。

そこで今度は、母が、調停で定められた日以外に子らに会いに行くことをやめさせてほしい旨の履行勧告の申立てをしたうえ、面会交流のルールを改める調停の申立てを行った。

しかし、調停申立てがなされた後も、父は数回にわたって通学途中の長男を待ち伏せ、面会交流に関する長男の意向を確認し、父と会ってもよいと答える状況を録音するなどした。また、父は、面会交流に子の意向は反映させるべきではないと主張したり、母の教育方針を強く非難するなどした。

他方、母は、子らが父に対して正直な気持を十分に伝えることができず、面会交流が子らの精神的負担となっているとして、子らが父に対してしっかりと物言いができるようになるであろう3、4年後まで、それが長すぎるならせめて長男が高校に入学するまで、面会交流の中断を希望した。

決定の要旨 父に、母の監護教育方針に格別不適切なところや問題視すべき点があるわけではないのに、母の監護教育方針を自身のそれに沿うようにさせるための手段として面会交流を求める傾向があること、家庭裁判所調査官からの指摘を無視して不適切な面会交流を繰り返していることなどからすれば、父には面会交流が子らの福祉にかなうものでなければならないという基本的な視点に欠けるといわざるを得ず、現状において面会交流を認めると、子らの精神的安定に障害を与えるといわざるを得ないとして、長男が高校に

入学するまで面会交流を認めず、その後は、子らから面会交流を希望する旨の連絡があった場合に、面会交流を認めるとした。

　この事案のように、調停中に家庭裁判所調査官の指摘を無視して強引に面会交流を実施するなど、面会交流に関する合意の遵守が期待できないうえ、面会交流を監護親の監護教育方針を変更させる手段とするなど、子らの福祉という面会交流の趣旨を理解しない行動を続け、その改善が期待できないという事情は、面会交流を制限する方向で判断される要素になるといえるでしょう。

⑩　子らの年齢および意向を考慮したうえ、3名の子のうち、12歳の長女については面会交流を認めるべきとしたが、9歳の長男と6歳の二女については面会交流を認めるべきではないとした事例（東京家八王子支審平成18・1・31家月58巻11号79頁）

事案の概要　両親は、長女10歳、長男7歳、二女4歳の時に、親権者を母（監護親）として協議離婚している。父（非監護親）は子らを叱る際に、叩いたり部屋に閉じ込めたりすることがあった。また、離婚直前（冬）、父は、怒って長女を叩いたり、長女がシャワーを使っているのにもかかわらずお湯を止めるなどすることがあった。

　離婚後、子らが父と会いたがったため、毎週末、子らは父宅に宿泊して面会交流を行っていたが、この際、父は、子らの気持に十分配慮せずに「寂しい」などの心情を吐露していたため、子らは、面会交流後、精神的に不安定になることがあった。面会交流後、父が子らを母宅に送り届けた際、子らが精神的に不安定になることをめぐって父母はけんかし警察を呼ぶ事態にまで発展した。その後、母は、面会交流の実施と養育費の受領を拒絶した。

　これに対して、父は、親権者変更審判を申し立てたが、その申立て後に、二女の通う保育園に赴いて二女に会ったり、長男の誕生日に母宅に赴いたりした。そして、親権者変更審判の調査の中で母が面会交流について話し合うことには応じると述べたことから、父は親権者変更審判を取り下げ、面会交流を求める調停を申し立てた。

この調停中、父は、母宅付近で帰宅途中の長女に会ったが、長女は突然父に会ったことに驚き恐怖感を覚えたとのことで、調停委員に調停外で子らに会うことは慎むようにと言われ、以後、父が面会交流を強行することはなくなった。

　調査によると、12歳の長女は、現時点では父との単独での面会交流には消極的ではあるが、よい思い出もあり、怒り・憎しみ・恐怖心などの否定的感情を抱いているとは認められなかった。他方、9歳の長男は父に対する恐怖心があり会いたくないとの意思を表明した。6歳の二女の真意ははっきりしないが父に対して強い拒否感を抱いているとまでは認められなかった。

審判の要旨　婚姻中に暴力はあったものの、暴力の程度が重大とも頻繁とも認められず、別居後子らが面会交流を希望していたことからすると、面会交流が直ちに心理的動揺や情緒の混乱を子らにもたらすとは考えにくい。

　他方、離婚後の子らの心情に十分配慮することなく面会交流時に「寂しい」と漏らしたり、頻繁に母宅に電話を掛けたり、母宅や保育園に赴いて面会しようとしたりするなど、離婚後の不適切な行動から母との激しい紛争が生じたことから、面会交流を再開した場合、紛争が激化して子らに悪影響が及ぶことが懸念されるが、父は1年半以上にわたって母や子らへの接触を自重しており、面会交流が再開されても以前のように頻繁な面会交流を求めるなど過激な行動に出る可能性は高いとはいえない。

　以上のような考えを示したうえで、長女については、父に対して強い否定的感情を抱いているとは認められないこと、また12歳で両親の関係について理解し自身で父との面会交流の可否について自立的に判断できる能力があること、単独で父と面会交流を行うことが可能であることから面会交流を認めるべきだが、間もなく中学に進学して学校内外での活動が増え時間的な余裕が乏しくなることを考慮すると定期的な面会交流の日時をあらかじめ定めることは現実的とはいえないとして、父と長女は手紙・電話等の通信手段を用いて連絡をとり合い、長女の希望に沿った面会交流を行うべきとした。

　他方、二女については、その意向ははっきりしないが6歳という年齢からすればその意向を重視することはできないとしつつ、二女については母の協力なしには面会交流の実現は極めて困難なところ母は父とのかかわりを完全に拒否しており、それでも面会交流を実現しようとすると紛争を再燃させ、かえって子らの福祉を害するおそれがあるとして面会交流を認めなかった。

そして、長男については、両親の激しい紛争を見たことから父との面会交流を拒否しており、それでもなお面会交流を実現しようとすれば長男に心理的動揺を与えるなどの悪影響が懸念されるとして面会交流を認めなかった。

父親が面会交流のルールを守れるようになってきていること、二女については幼いとはいえ、長女といっしょであれば母の協力なくして会うことも可能であると思われること、長男についても恐怖心を抱いており面会交流を希望してはいないものの強い否定的感情があるようにも思われないことからすれば、面会交流に積極的な最近の傾向からすれば、現時点においては、たとえば、長男・二女については長女といっしょないしは適切な第三者の立会いを条件として面会交流が認められる可能性もあるように思われます。

[11] **非監護親が面会交流のルールを遵守せず、子の心情や生活状況に配慮した適切な方法による実施を期待することができない状況下で面会交流を認めることは子の福祉に適合しないとして面会交流が認められなかった事例**（横浜家相模原支審平成18・3・9家月58巻11号71頁）

事案の概要　両親は、長女が6歳、二女が3歳の時に、子らの親権者を父（監護親）として協議離婚した。

離婚後、母（非監護親）からの申立てにより毎月1回面会交流を行う旨の調停が成立し、2回の面会交流が実施された。しかし、3回目の面会交流の予定が立たなかったことから、母は、3回にわたり父に無断で子らと会った。父は、調停条項を遵守し勝手に会うことを制止するよう求めて履行勧告の申出をし、しばらく面会交流に応じないこととしたが、母は、面会交流に応じるよう履行勧告の申出をし、その後親子4人で円滑な面会交流が実施された。

しかし、父が面会交流の中止を求めて面会交流調停の申立てをしたところ、母は、父に無断で長女の下校途中に待ち伏せをしたり、幼稚園に通う二女に会いにいくなどした。また、調停中に行われた試行的面会交流の中で、母は二女に対して「ママと暮らそう」と誘うなどした。

調停が不成立となり審判に移行した後も、母は、幼稚園・小学校に行って

Ⅱ 面会交流をめぐる審判却下事例

子らに呼びかけたり、待ち伏せして声がけするなどの勝手気ままな行動に及び、様子を見にきた親族とどなり合いになり警察官を呼ぶ騒ぎとなったこともあった。

そして、家庭裁判所調査官の提案により試行的面会交流が実施されたものの、母はその3日後には、二女に声をかけて公園で待ち伏せした。

また、後日、母は父に無断で二女を連れ回し、途中、電話で話をした家庭裁判所調査官から注意されたにもかかわらずこれを聞き入れなかったために、父が子の誘拐容疑で母を告訴し、母は逮捕された。

審判の要旨 母は、調停成立後、間もなく父に無断で子らと会ったために父に履行勧告の申出および調停事件の申立てに至らせたのち、調停が係属中にもかかわらず、子らを待ち伏せたり、無断で会いに行くなどし、調停不成立による審判移行後も子らの通う幼稚園・小学校に行って声をかけて自分勝手な行動を続け、父に無断で子を連れ回したことにより逮捕されるに至っている。こうした背信的行為を重ねる母には、今後ルールを守って子らと面会交流をしたり、子らの心情や生活状況に配慮した適切な面会交流の実施を期待することは困難であり、このような状況の下で面会交流を認めることは子の福祉に適合しないといわざるを得ず、母が強く面会交流を望んでいることを十分考慮しても、面会交流を全面的に禁止するとした。

面会交流におけるルールの遵守や子らの心情等に配慮した面会交流の実施を期待することが困難な場合には、面会交流を全面的に禁止することもやむを得ないとの判断を示したものです。

12 **養母との関係が実親子間と実質的に同等といえるほど強固なものとなっているとまではいえない場合には、母との面会交流が制約を受けることはやむを得ないとして直接の面会交流は否定しつつ、将来の面会交流を円滑にするためとして子の写真と通知票の写しの送付を命じた事例（京都家審平成18・3・31家月58巻11号62頁）**

事案の概要 両親は、子が3歳の時に親権者を父（非監護親）として離婚したが、引き続き同居して母（監護親）が子を監護していた。子が4歳の時、母

は、父が不在の間に子を連れて母の実家に移り住んだ。その後、父による人身保護請求、母による親権者変更の申立ておよびその抗告審を経て、親権者は父となった。

なお、母は、人身保護請求の判決により子を父に引き渡した約1カ月後に子と一度面会交流をしたものの、その後は子と面会交流をしていない。

抗告審の判断がなされた約3カ月半後、母は、子との宿泊や学校行事への参加を含む面会交流を求める調停申立てを行った。

なお、父母間には貸金をめぐる紛争もあり、父による訴訟提起にまで至っている。

父は、抗告審の判断がなされたころから女性と同居しており、その約1年2カ月後に婚姻届を提出し、婚姻の約3カ月後には子と女性（養母）との養子縁組も行った。また、女性は父の子を妊娠した。

このような状況で行われた家庭裁判所調査官調査において、小学3年生になった子は「母と会いたいと思うことはある」と言う一方、「母の顔は覚えていない」「髪の毛が茶色だったことは覚えている」「父にはそのようなことは言わない。喜ばないから」「母が会いたいと言っても会うのは嫌」「○○ちゃん（養母）のお腹に赤ちゃんがいる。あんなところに行ったら赤ちゃんが育たないと思う。大人になったら考えると思うけど」と答えた。なお、子は、養母をお母さんと呼ぶこともあった。

審判の要旨 父と養母がすでに名実ともに夫婦としての生活を開始し、子との養子縁組もなされ、子もこの夫婦の子として家族共同生活を送るようになっており、現在の子の心身の状況に特に問題は見当たらない。しかし、子と養母との結びつきは、実親子間と実質的に同等といえるほど強固なものとなっているとまではいえない。このような状況からすると、現時点においては子を取り巻く保護環境を乱すことを避ける観点から、子と母の面会交流が制約を受けることはやむを得ない。

また、子の発言は、父や養母に対する配慮等の複雑な感情が影響しているとみることができ、過大に評価すべきではないが、子なりに自らがおかれている現在の状況を理解しつつ一応の判断をしているものとして一定の重みがある意向表明であるととらえるのが相当である。

さらに、父母間にはさまざまな紛争状況があったうえ、それが現時点においても継続しており、面会交流を行うことによって、これまで係争に巻き込

まれてきた子の心情の安定を乱すおそれがないとはいえない。

以上の事情を総合考慮すると、少なくとも現時点においては、面会交流の実施は、子の福祉の観点から問題が大きく、認めることは相当ではない。

また、母による電話での会話や手紙の送付、学用品等の引渡しも、これらの事情（特に養母との関係がまだ強固なものとはいいがたいものであること）からすれば、現時点では相当ではない。

学校における面会交流や学校行事への参加は、学校の理解と協力なしには実現できないものであるが、紛争状況にあった父母の関係等の状況を考えると、学校に継続的にそのような負担を強いることは妥当とはいえない。

ただし、子の意向からすれば、将来的には子自身が母との面会交流を希望する意思を表明するようになる可能性も十分あるから、子の現状に関する一定の情報を母に与え、将来の面会交流を円滑にすることは十分意義のあることであるとして、年1回、写真2葉と通知票の写しを母に送付することを主文で命じた。

　面会交流に積極的な最近の流れにおいても、養子縁組の後、間がなく、養親との関係が強固なものに至っていない場合には、子自身の心情に配慮したうえ、直接的な面会交流は制限される可能性はあるように思われます。

13 子らの居所を知ろうとして不適切行為を行った父に対する根深い不信感から子らが面会交流を拒否している場合には、面会交流の実施は子らの心情の安定を大きく害するとして面会交流を認めなかった事例（東京高決平成19・8・22家月60巻2号137頁）

事案の概要　母（監護親）は、長男が6歳、二男が4歳の時に休養のため単身帰省して、そのまま父（非監護親）と別居したが、間もなく子らを通園先から連れ帰り、以後、子らを監護養育している。他方、父は、これ以降、母および子らの居所を知らされず、交流は途絶えたままとなっている。

母は離婚訴訟を提起し、長男が9歳、二男が7歳の時、子らの親権者を母とする離婚判決がなされ、確定した。

その後、父は面会交流を求める調停を申し立てたが、調停の係属中に、母

や子らの場所を知ろうとして、子への誕生日プレゼントに位置情報確認装置を潜ませたり、親類や恩師に対し脅迫的言辞を用いたことがあった。父は、今後はこのようなことはしないと約束しているものの、母の不信感は増大している。

原審裁判所は、子らの心情や年齢、父との親子関係等に鑑みると、面会交流を全面的に禁止するのではなく、子らの福祉に合致した面会交流が可能となるよう、回数や方法等を工夫することが望ましいとして、子らの学校の夏期休暇中に１回、２時間、母が指定する者の立会いを条件として面会交流を認めたことから、母がこれを不服として抗告をした。

決定の要旨 子ら（当時、長男小学５年生、二男小学２年生）は家庭裁判所調査官に対し、将来はともかく現在は父と面会交流をしたくないと明確にその意思を述べており、その意思の基礎には母や子らの場所を知ろうとして不適切行為を行った父への不信感があり、その不信感は相当根深い。母も、父が子らを連れ去るのではないかとの強い恐怖心を抱いている。父は、今後不適切行為は行わないと述べているが、そのような供述があったからといって、その不信感は容易に拭い去ることはできない程度に深いものと認められる。

このような状況で面会交流を実施しようとすると、子らを複雑な忠誠葛藤の場面にさらすことになり、結果、子らの心情の安定を大きく害するなど、子らの福祉を害するおそれが高い。したがって、現在の状況においては面会交流を認めることは相当ではないとして面会交流を認めなかった。

ただ、子らが父と心情の交流を図ることは精神面の発達とりわけ社会性の涵養にとって不可欠であり、母においてもその環境づくりに工夫し努力する必要があることも、いうまでもない。今後、当事者双方においては、まずは手紙の交換など子らと父との間接的な面会交流の機会を設けるなどして、子らと父との間の信頼の回復に努めるなど格段の努力が重ねられることを期待したいとして将来の面会交流に向けた努力を当事者に促している。

面会交流調停の係属中にもかかわらず、父が母や子らの居所を調べるため度を越した不適切な行為を行うなどして、面会交流を行うために必要とされる最低限度の信頼関係（特に子との信頼関係）を自ら破壊してしまったという事実は、面会交流を制限する方向で判断されるための要素になるといえるでしょう。

Ⅱ　面会交流をめぐる審判却下事例

⑭ 子からの父との面会交流の要望について、父母の紛争再燃等の懸念から、早急な面会交流の実施は子の福祉に必ずしも合致するものではない、当分の間は手紙のやりとりを通じて交流を図ることが相当であるとして父に子あての手紙を送付するよう命じた事例（さいたま家審平成19・7・19家月60巻2号149頁）

事案の概要　両親は長女（現在小学4年生）が2歳の頃に調停離婚し、以後、母（監護親）が子の監護養育を行っている。母は子を父に会わせたくないと考えているが、子が父（非監護親）に会うことを希望しているとして面会交流調停を申し立てた。

審判移行後、子は、父に手紙を数通送付したり、携帯電話に電話をしたりしている。内容は、「会いたい」「ディズニーランドに連れて行って」「返事がほしい」「電話ちょうだい」といったものであるが、父は、返事を書いたことも、電話に出たこともない。

母は、子に対し、とてもよい父親だが事情があって別々に暮らしていると説明している。

両親の離婚前に、母が、仲人でもありけんかの仲裁を依頼した父の職場の上司に抗議したり、父の勤務先に仕事を辞めさせてほしいと申し入れるなどしていたため、離婚に際して、「母は、今後電話または面会により父の職場に父を誹謗・中傷する言動又は行動をしない」との条項が定められている。

離婚後、父は別の女性と再婚して子をもうけたが、母は、再婚相手の実家を訪問したり、父の勤務先に「再婚相手やその家族が母の周りを付け回している」と電話したことがある。

父の再婚相手は子と父の面会交流に消極的である。父は、母の離婚前後の言動から、面会交流によって母との紛争が再燃することをおそれているものの、子あてに手紙の返事を書くことまでは応じることが可能と考える。

審判の要旨　両親の離婚時、子は2歳になったばかりであるから父の記憶は全くないと考えられ、会いたいという子の思いは抽象的な父親像にとどまっていると推察される。また、子は、父母が離婚していることなど正確な事情を伝えられていないことがうかがわれる。したがって、父や母の面会交流への姿勢をはじめとして周辺の環境が整えられないと、面会交流を実施することは、子の福祉に沿わない結果を招来する危険がある。

父母は離婚から6年以上を経ているが、不和が生じてから離婚に至るまで、そしてその後の過程における葛藤は極めて根深いと推察される。
　　母においては父に対する強い憎しみを否定しないなど心理的清算ができていないことがうかがわれ、面会交流を実施すると母に過重な精神的負担を与える可能性がある。他方、父は、面会交流によって、母との紛争が再燃することをおそれている。再婚相手が子との面会交流に消極的であることからすれば、面会交流の早急な実施は再婚家庭の環境を乱し父の精神不安を招く懸念がある。したがって、父には、子の福祉をめざした前向きな姿勢での面会交流を期待できない状況にある。
　　このような状況では、直接の面会交流を早急に実施することは子の福祉に必ずしも合致するものではなく消極的にならざるを得ない。
　　そして、将来的には、環境を整えて面会交流の円滑な実施ができるようになることが期待されるが、当分の間は、間接的に手紙のやりとりを通じて交流を図ることが相当であるとして、父に、毎年3月・6月・9月・12月の各末日限り、子あての手紙を送付するよう命じた。

　この事案は、親ではなく子のほうが面会交流を求めたという点に特徴があるケースです。
　子が望むのであれば面会交流を認めることが子の福祉に合致するようにも思われますが、父母間の葛藤が激しく面会交流をきっかけに紛争が再燃する可能性が相当程度懸念される場合には、面会交流を行ったとしても、非監護親に、子の福祉をめざした前向きな姿勢での面会交流を期待できるか疑問が生じます。
　そして、子が父母の葛藤を知らず、非監護親に対する抽象的な憧れを抱いている場合、面会交流に消極的な非監護親との面会交流が子の福祉に合致する結果をもたらすのか不安を感じます。
　そこで、この事案のように、まずは間接的な面会交流を行い、段階を踏んで、子の福祉に合致した直接の面会交流が行うことが可能となるような環境を整えるということも考えられるでしょう。

（大塚千代）

Ⅲ　面会交流をめぐる調停条項、審判・決定主文と実務上の留意点

ここでは、まず、面会交流に関する調停条項例を示しつつ、調停条項作成において実務上留意すべき事項を紹介します（後記1参照。履行確保を意識した調停条項作成の留意点は、第2章Ⅴ3⑵参照）。さらに、審判・決定の主文を紹介しますので（後記2参照）、実務の参考になるものと思います。

1　調停条項例と実務上の留意点

(1)　基本条項

面会交流に関する基本的な調停条項例は、たとえば、次のようなものが考えられます。

> 相手方は，申立人が，未成年者と，月1回程度，面会交流することを認める。その具体的な日時，場所，方法等は，子の福祉を尊重し，当事者間で協議して定める。

㋐　回数の定め

面会交流の回数に関する定めは、「2週間に1回」「少なくとも3カ月に1回」など当該親子によってさまざまですが、実務では、特段考慮すべき事情がなければ、通常月1回を基準にしています。

書きぶりとしては、面会交流を円滑に行うためにも、柔軟な対応ができるよう、「月1回程度」などと定めることもあります。

そのほか、長距離の移動が必要な面会交流や非監護親の休みに配慮し、「5月の連休，盆休み，正月休み，学校の各種行事に際し，面会交流させる」などと定める場合もあります。

㋑　具体的な日時・場所・方法等の定め

面会交流の具体的な日時・場所・方法等に関する定めは、間接強制決定が

できるかという点からすれば、「面会交流の日時又は頻度、各回の面会交流時間の長さ、子の引渡しの方法等が具体的に定められているなど監護親がすべき給付の特定に欠けるところがないといえる」よう定める必要があります（最決平成25・3・28判タ1391号122頁（肯定）、最決平成25・3・28判タ1391号126頁および最決平成25・3・28判タ1391号128頁（否定2例）など）。

　　(ウ)　当事者間の協議

　調停成立までに実施された面会交流などで、当事者間の協議においてトラブルが生じた例などでは、トラブル防止のため、面会交流が予定した日に実施できなかった場合に備えて、あらかじめ代替日を定めることもあります。

　また、「やむを得ない事情で日程を変更する必要が生じたときは，可能な限り早期に連絡を取り合い，誠意をもって日程変更の協議をすることとする」、「未成年者らの行事，体調不良，その他の正当な事由により，事前の協議で定めた日時に面会が実施できない場合は，当事者双方は，再度期日を調整し，面会交流を実施する」などと、日程変更の方法について定めることもあります。

　(2)　宿泊を伴う面会交流

　宿泊を伴う面会に関する調停条項例は、たとえば、次のようなものが考えられます。

> 　相手方は，申立人が，当事者間の未成年者の春休み，夏休み及び冬休み期間中に宿泊を伴う面会交流をすることを認める。

　長距離間の移動が必要な面会交流を実施する場合には、宿泊を伴うことが多く、費用負担が問題となります。そこで、費用についても「面会交流実施に係る交通費・宿泊費等の費用は，当事者双方が2分の1ずつ負担する」などと定めることもあります。

　(3)　第三者の立会い

　第三者の立会いに関する調停条項例は、たとえば、次のようなものが考え

Ⅲ 面会交流をめぐる調停条項、審判・決定主文と実務上の留意点

られます。

> 相手方は，申立人に対し，○年○月から○年○月までの間，申立人が未成年者と，原則第3土曜日に，各回2時間，○○○○において面会交流することを認める。

当事者だけでの面会交流の実施が困難な場合などには、一定期間、FPICなどの第三者機関を利用して実施する旨を定めることもできます。ただし、第三者機関を利用しての面会交流の実施を定める場合には、調停成立前に当該機関の承諾を要します。

(4) 非監護親以外の面会交流

非監護親以外の面会交流に関する調停条項例は、たとえば、次のようなものが考えられます。

> 相手方は，申立人と未成年者との面会交流に，年2回程度，申立人が申立人の両親を同伴することを認める。

最近では、祖父母が子との面会交流を求める場合も多くなっています（本章Ⅰ事例12参照）。祖父母には面会交流を求める権利はありませんが、上記のとおり面会交流を定めることはできます。

(5) 直接の面会以外による面会交流

直接の面会以外による面会交流に関する調停条項例は、たとえば、次のようなものが考えられます。

> 相手方は，申立人に対し，未成年者が在籍する学校から通知表を受け取った日から2週間後の日までに，上記通知表の写し及び上記未成年者の写真を申立人に郵送する。

そのほか、最近では、コミュニケーションツールの進歩により、ウェブカメラ等を使用して面会交流をする例も出てきています。

2 審判・決定主文と実務上の留意点

(1) 面会時間

　面会交流について、頻度および1回あたりの面会時間を段階的に増加させる内容を定めた事例（大阪高決平成22・7・23家月63巻3号81頁）があります。

〔決定主文〕
1　相手方が申立人に対し、本決定添付別紙面会要領記載の内容で、未成年者を申立人と面会させる義務があることを定める。
2　相手方は、上記義務を履行せよ。

(別紙) 面会要領
1　面会交流の日時
　ア　平成22年8月、10月、12月、平成23年2月の各第2日曜日の午前10時から午前11時
　イ　平成23年4月以降平成24年2月までの偶数月の各第2日曜日の午前10時から午後零時
　ウ　平成24年3月以降平成25年2月までの各月の第2日曜日の午前10時から午後2時
　エ　平成25年3月以降毎年各月の第2日曜日の午前10時から午後4時
2　面会交流の方法
　ア　相手方又はその指定する親族等は、面会交流の開始時刻に○○駅改札口付近において、未成年者を申立人に引き渡す。
　イ　申立人は、面会交流の終了時刻に同所において、未成年者を相手方又はその指定する親族等に引き渡す。
　ウ　相手方又はその指定する親族等は、未成年者が小学校に入学するまでの間、未成年者と申立人との面会交流に立ち会うことができる。
3　予定日の変更
　　未成年者の病気その他やむを得ない事情により上記1アないしエの日時を変更するときは、当該事情の生じた者は、他方に対して速やかに連絡して、双方協議のうえ、振替日時を定める。ただし、振替日時は、原則として、予定日の1週間後の同時刻とする。

4　申立人と相手方とは、未成年者の福祉に慎重に配慮し、申立人と未成年者との面会交流の円滑な実施につき互いに協力する。
5　申立人と相手方とは、申立人と未成年者との面会交流の日時、方法等について変更を要するときは、互いに誠実に協議する。

　この事案は、非監護親である父と1年8カ月もの長期間にわたり面会が実施されていないこと、子が未就学児であること、円満な面会交流実施の可能性などを踏まえて、頻度や時間を段階的に増加させるとした原審判を相当と判断したものです。

　裁判所は、子が小学校に入学するまで面会を実施すべきでないと主張した母親に対しては、面会によって生じるおそれのある子の情緒的不安定や不適応な症状は、母親において適切に対応することで収束する可能性があると指摘し、また、回数制限なく面会を求める父親に対しては、面会交流は子のために実施するものであることから、子に大きな負担を強いることのないよう、子のために、冷静に段階を踏んで面会交流を実施し、子との信頼関係を醸成するよう心がけるべきであると指摘しています。

　裁判所の面会交流に関する視点を知るうえでも、また、長期間面会交流が実施されていなかった場合に、面会交流を再開する際の留意点およびその方法を検討するうえでも参考となる事案です。

(2)　第三者の介在

　面会交流の実施にあたり、第三者を介在させることを命じた事例（東京家審平成18・7・31家月59巻3号73頁）があります。

〔審判主文〕
1　申立人は、相手方に対し、本審判確定後1か月半に1回の割合で、社団法人○○の職員又はその指定する者の立ち会いのもと、相手方が未成年者Cと面接交渉を行うことを許さなければならない。
2　当事者双方は、前記面接交渉の日時、場所、方法、同交渉の際の留意事項、禁止事項について、社団法人○○の職員の指示に従わなければならな

い。
3　上記面接交渉に関し，社団法人○○に支払うべき費用は，当事者双方が折半して負担するものとする。

　この事案は，離婚した父母間の紛争性が強く，面会交流について信頼関係が十分形成されているとはいえないこと，また，子も10歳と心身とも未熟な年齢であるうえ，同居中の両親の争いについて生々しい記憶を有しており，父母が直接対面することを嫌がるなどの事情があったことなどから，父母双方の同意のもと，面会交流を長期的に安定して継続させるために，家庭問題を専門的に扱う第三者の立会いのもと，面会交流を実施することを命じたものです。

　第三者は，必ずしも専門機関である必要はありませんが，父母間の同意が必要となりますので，当該父母の面会交流についての信頼関係の程度により，第三者の選択も留意する必要があります。

(3)　事情の変化の考慮

　面会交流を認容した原審判に対する抗告審において，原審判後に生じた事情の変化を考慮して，面会交流の内容を変更した事例（大阪高決平成18・2・3家月58巻11号47頁）があります。

〔決定主文〕
1　抗告人（元夫）及び参加人（現妻）が相手方（元妻）に対し，別紙面接要領記載の内容で未成年者らを相手方と面接させる義務があることを定める。
2　抗告人及び参加人並びに相手方は，上記要領を遵守し，同要領記載の義務を履行せよ。

(別紙)　面接要領
1　面接回数
　(1)　回数　平成18年2月から毎月1回
　(2)　日時　第4日曜日の午前11時から同日午後4時の間（時間厳守）
2　未成年者らの引渡方法

>   抗告人及び参加人（両名の指定する親族を含む。）は，上記面接開始時に，○○市△△所在の「□□」駐車場において，相手方に未成年者らを引き渡し，相手方は，上記面接終了時に，同所において，未成年者らを抗告人及び参加人（両名の指定する親族を含む。）に引き渡す。
> 3 未成年者らに対するプレゼント
>   抗告人及び参加人は，相手方が，未成年者らと面接交渉するに際し，誕生日，クリスマス，正月のプレゼントを渡すことを認めなければならない。
>   この場合におけるプレゼントの価格は，未成年者らの年齢等に照らし，社会通念上相当な限度に留めるものとする。
> 4 面接日等の変更
>   当事者は，その協議により，面接実施の日時，未成年者らの引渡場所，面接の方法など必要な事項を変更することができる。
> 5 学校行事等への参加
>   相手方は，未成年者らに関する保育園や学校行事に参加してはならない。
>   抗告人及び参加人は，未成年者らが上記行事に参加した場合において，その状況を撮影したビデオ，写真等があるときは，適宜，相手方に提供するものとする。

　この事案は、原審（京都家審平成17・8・24家月58巻11号56頁）で、実母と子らの宿泊付き面会交流が認容されましたが、その後、父親が再婚し、かつ、再婚相手と子らとが養子縁組をしたものです（本章Ⅱ事例7・事例8参照）。子らは、父親と養母の下で新しい家族関係を確立することとなり、一方で実母と宿泊付き面会交流を実施していましたが、裁判所は、こうした子らの状況に鑑みれば、子らと実母との宿泊付き面会交流は、生活感覚やしつけの違いから子らの精神的安定等に悪影響を及ぼす危惧があり避けるのが相当であるとして、原審の面会交流の内容を変更しました。

　監護親が再婚した場合に、子らの新しい家族関係の確立と非監護親である実母との関係を調整する際に、その留意点等を検討するうえで参考となる事案です。

　なお、参考までに、原審の審判主文も紹介しておきます。

〔審判主文〕
1 相手方は，申立人に対し，次のような方法で申立人と未成年者らが面接交渉することを許さなければならない。
 (1) 面接日
  ① 毎年の3月と7月を除くその余の月の第4日曜日
  ② 毎年の3月と7月の第4土曜日から第4日曜日
  ③ ただし，未成年者らの事情により不都合が生じた場合には，それぞれ翌週の同じ曜日とする。
 (2) 面接の時間
   前項①については，午前11時から同日午後4時の間
   前項②については，土曜日の午後2時から日曜日の午後2時の間
 (3) なお，上記の日時に未成年者らの事情により不都合が生じた場合には，申立人と相手方は，代替の面接日又は面接時間を協議によって定めるものとする。
 (4) 受渡し方法　相手方又は相手方の指定する相手方の親族（内縁の妻を含む）は，①については面接の日の午前11時に，②については，午後2時に，京都府○○市△△所在の「□□」駐車場において，申立人に未成年者らを引き渡し，申立人は，上記面接終了時刻に，同所において，未成年者らを相手方又は相手方の指定する相手方の親族（内縁の妻を含む）に引き渡すものとする。
   ただし，申立人と相手方との協議により，引き渡し場所を変更することができる。
2 相手方は，申立人が，未成年者らとの面接交渉の際に，誕生日やクリスマスにプレゼントを渡すのを認めなければならない。
   ただし，プレゼントは1人につき1万円（1回分）以内とする。
3 申立人は，未成年者らの保育園や小学校の行事に参加したりするなど，前項以外の行動をとることは差し控えなければならない。

（椚座三千子）

裁判例・審判例索引

〔最高裁判所〕

最決昭和59・7・6家月37巻5号35頁…………2, 4

最判平成5・10・19民集47巻8号5099頁…………85, 86

最決平成12・5・1民集54巻5号1607頁…………3, 4

最決平成25・3・28民集67巻3号864頁、判時2191号39頁、判タ1391号122頁
　…………42, 97, 169

最決平成25・3・28集民243号261頁、判時2191号46頁、判タ1391号126頁
　…………169

最決平成25・3・28集民243号271頁、判時2191号48頁、判タ1391号128頁
　…………41, 110, 169

〔高等裁判所〕

東京高決昭和40・12・8家月18巻7号31頁…………126

東京高判昭和52・12・9家月30巻8号42頁…………147

福岡高那覇支決平成15・11・28家月56巻8号50頁…………157（第5章Ⅱ⑨）

大阪高決平成18・2・3家月58巻11号47頁…………127, 128, 173

東京高決平成19・8・22家月60巻2号137頁…………164（第5章Ⅱ⑬）

東京高決平成20・12・18家月61巻7号59頁…………86

大阪高決平成22・7・23家月63巻3号81頁…………171

東京高決平成24・10・18判時2164号55頁、判タ1383号327頁…………86

東京高決平成25・7・3判タ1393号233頁…………138

〔地方裁判所〕

静岡地浜松支判平成11・12・21判時1713号92頁…………52

横浜地判平成21・7・8家月63巻3号95頁…………109

〔家庭裁判所〕

東京家審昭和39・12・14家月17巻4号55頁…………2

大阪家審平成5・12・22家月47巻4号45頁…………4, 149（第5章Ⅱ①）

東京家審平成7・10・9家月48巻3号69頁…………150（第5章Ⅱ②）

岐阜家大垣支審平成8・3・18家月48巻9号57頁…………151（第5章Ⅱ③）

横浜家審平成8・4・30家月49巻3号75頁…………127, 128, 152（第5章Ⅱ④）

東京家審平成13・6・5家月54巻1号79頁…………153（第5章Ⅱ⑤）

横浜家審平成14・1・16家月54巻8号48頁…………137, 154（第5章Ⅱ⑥）

東京家審平成14・5・21家月54巻11号77頁…………155（第5章Ⅱ⑦）

東京家審平成14・10・31家月55巻5号165頁…………156（第5章Ⅱ⑧）

京都家審平成17・8・24家月58巻11号56頁…………174

東京家八王子支審平成18・1・31家月58巻11号79頁…………159（第5章Ⅱ⑩）

横浜家相模原支審平成18・3・9家月58巻11号71頁…………161（第5章Ⅱ⑪）

京都家審平成18・3・31家月58巻11号62頁…………162（第5章Ⅱ⑫）

東京家審平成18・7・31家月59巻3号73頁…………172

さいたま家審平成19・7・19家月60巻2号149頁…………120, 121, 166（第5章Ⅱ⑭）

編者・執筆者紹介

|編　者|

村岡　泰行（むらおか・やすゆき）

略　歴　元山口家庭裁判所所長、2009年弁護士登録（大阪弁護士会）、片山・平泉法律事務所

著書・論文等　「熟年離婚に伴う財産法上の諸問題」日本弁護士連合会『現代法律実務の諸問題〔平成19年度研修版〕』（共著）

片山　登志子（かたやま・としこ）

略　歴　1988年弁護士登録（大阪弁護士会）、片山・平泉法律事務所

著書・論文等　「家事調停における自主的な解決の促進と子どもの意思の尊重」二宮周平＝渡辺惺之編著『離婚紛争の合意による解決と子の意思の尊重』25頁～46頁、「これからの家庭裁判所に期待すること――利用者の視点から（講演録）」家庭裁判月報64巻10号1頁～45頁、「弁護士からみた面会交流実務の実情と留意点」棚村政行編著『面会交流と養育費の実務と展望』64頁～93頁　ほか

|執筆者|

山口　亮子（やまぐち・りょうこ）

略　歴　山梨大学教育人間科学部助教授を経て、2007年より京都産業大学法学部教授

著書・論文等　「国内的な子の奪い合い紛争の解決と課題」二宮周平＝渡辺惺之編著『離婚紛争の合意による解決と子の意思の尊重』181頁～198頁、「アメリカ」床谷文雄＝本山敦『親権法の比較研究』31頁～54頁

ほか

宮﨑　裕子（みやざき・ゆうこ）

所　属　大阪家庭裁判所（総括主任調査官）
著書・論文等　安倍嘉人＝西岡清一郎監修『子どものための法律と実務』（共著）、「面会交流が争点となる調停事件の実情及び審理の在り方――民法761条の改正を踏まえて」家庭裁判所月報64巻7号1頁～97頁ほか

公益社団法人家庭問題情報センター
大阪ファミリー相談室面会交流部

所在地　〒540-0026　大阪市中央区内本町1-2-8　T.S.K.ビル903号室
電　話　06-6943-6783（月曜日～金曜日、午前10時～午後5時）
FAX　06-4792-7535
URL　http://www2.gol.com/users/ip0607218572/index.html

（以下50音順）

有吉　雅子（ありよし・まさこ）

略　歴　2008年弁護士登録（大阪弁護士会）、水晶橋総合法律事務所
著書・論文等　久米川良子ほか編『Q&A訪販・通販・マルチ等110番〔全訂2版〕』（共著）

伊藤　孝江（いとう・たかえ）

略　歴　1998年弁護士登録（大阪弁護士会）、水晶橋総合法律事務所
著書・論文等　松村光晃＝中村秀一編『名誉毀損・プライバシー』（共著）ほか

編者・執筆者紹介

大塚　千代（おおつか・ちよ）

略　歴　2006年弁護士登録（大阪弁護士会）、大塚法律事務所入所

椚座　三千子（くぬぎざ・みちこ）

略　歴　2009年弁護士登録（大阪弁護士会）、片山・平泉法律事務所

齋藤　勝（さいとう・すぐる）

略　歴　2007年弁護士登録（大阪弁護士会）、片山・平泉法律事務所

濱﨑　千草（はまざき・ちぐさ）

略　歴　2008年弁護士登録（大阪弁護士会）、濱﨑法律事務所入所

山本　香織（やまもと・かおり）

略　歴　2000年弁護士登録（大阪弁護士会）、香友法律事務所

代理人のための面会交流の実務

平成27年4月4日　第1刷発行

定価　本体2,200円＋税

編　　　者	片山登志子・村岡泰行
発　　　行	株式会社　民事法研究会
印　　　刷	藤原印刷株式会社
発　行　所	株式会社　民事法研究会

〒150-0013　東京都渋谷区恵比寿3-7-16
〔営業〕TEL 03(5798)7257　FAX 03(5798)7258
〔編集〕TEL 03(5798)7277　FAX 03(5798)7278
http://www.minjiho.com/　info@minjiho.com

落丁・乱丁はおとりかえします。　ISBN978-4-89628-992-3　C2032　￥2200E
カバーデザイン　鈴木　弘

■ハーグ条約・実施法に対応して改訂増補！■

裁判事務手続講座〈第3巻〉

〔全訂10版〕
書式 家事事件の実務
―審判・調停から保全・執行までの書式と理論―

二田伸一郎・小磯 治 著

Ａ５判・606頁・定価 本体5,200円＋税

本書の特色と狙い

▶全訂10版では、ハーグ条約・ハーグ条約実施法に基づく国際的な子の返還申立て、子の監護に関する処分（面会交流）調停申立ての手続・書式を追録！

▶施行から１年半となる家事事件手続法下の実務・運用および最新の判例を収録するとともに、審判・調停手続に関連する実体法の論点と実務上の留意点も解説！

▶103件もの書式・記載例を収録し、理論と実務を一体として詳解した実践手引書として多くの方々から長年にわたり好評を博してきたロングセラー！

▶手続の流れに沿って具体的かつわかりやすく解説しているので、弁護士、司法書士、裁判所関係者などの法律実務家のみならず、法務アシスタントや法律知識にうとい一般の市民にとっても格好の手引書！

本書の主要内容

第１章　家事事件の概要
第２章　家事事件手続
第３章　審判事件の申立て
第４章　調停事件の申立て
第５章　合意に相当する審判事件の申立て
第６章　ハーグ条約・実施法に基づく子の返還申立て
第７章　家事雑事件の申立て
第８章　民事執行法に関する事件の申立て
第９章　その他の申立て
第10章　不服の申立て等
第11章　養育費等の強制執行の申立て
〔参考〕家事事件に関連する制度の概要等

発行 民事法研究会

〒150-0013　東京都渋谷区恵比寿3-7-16
（営業）TEL. 03-5798-7257　FAX. 03-5798-7258
http://www.minjiho.com/　info@minjiho.com